Ⓢ新潮新書

池口龍法
IKEGUCHI Ryuho

住職はシングルファザー

1058

新潮社

まえがき

「このお寺、いつ建立されたんですか？」

「江戸時代初期の元和《げんな》二（一六一六）年です」

「住職は何代目ですか？」

「二十四代目です」


参拝に訪れた人に、住職をつとめる浄土宗・龍岸寺《りゅうがんじ》の歴史を語る時、私がごく普通に放つ一言一言に、ポカーンとされる。歴史小説や時代劇でしか知らないはるか昔の舞台が、不意に目の前に現れたせいだろう。

龍岸寺の初代・安井三哲《さんてつ》（算哲）は、僧侶としてよりも徳川家康に仕えた囲碁の棋士として名高い。慶長十九（一六一四）年と元和元（一六一五）年の大坂の陣では徳川方についた。龍岸寺の開創はその翌年であるから、きっと徳川家に可愛がられて京都に入ってきたのだろうと、遠い昔の情景がふと脳裏に浮かぶ。

その屋敷地を十八世紀中頃までに整備して、今の龍岸寺の本堂、客殿、庫裏《くり》などができている。いずれも木造の寺院建築で、正式に文化財指定を受けているわけではないが、ほぼ文化財級の建造物だと言っていい。中でももっとも古くから残っているのがおそらく庫裏、つまり、住職一家の居住スペースである。建て替えられたという記録はないから、ひょっとすると初代住職が暮らした往時のままなのかもしれない。

しかし、歴史の香りが色濃く漂う厳かな空間でありながら、そのなかにある光景は、京都らしい奥ゆかしくてお上品なものとは正反対である。〝暴れん坊主〟などと評されるほどやんちゃな私が、七年前に離婚して以来は男手ひとつで一男一女を育てるという、なりふり構わぬ型破りな生活が、日々繰り広げられてきた。

年端もいかない子供には文化財の重みなどまるで理解できないから、目を離したすきに、障子なんてすぐにビリビリに破るし、襖にも可愛らしいスタンプがペタペタ押されている。お寺らしい静けさなど無縁で、姉弟喧嘩をして負けたほうが泣き叫び、勝ったほうには私から漏れなく怒声が飛ぶ。

私は私で、葬儀や法事などの先祖供養をつとめたり、浄土宗総本山の知恩院に奉職し

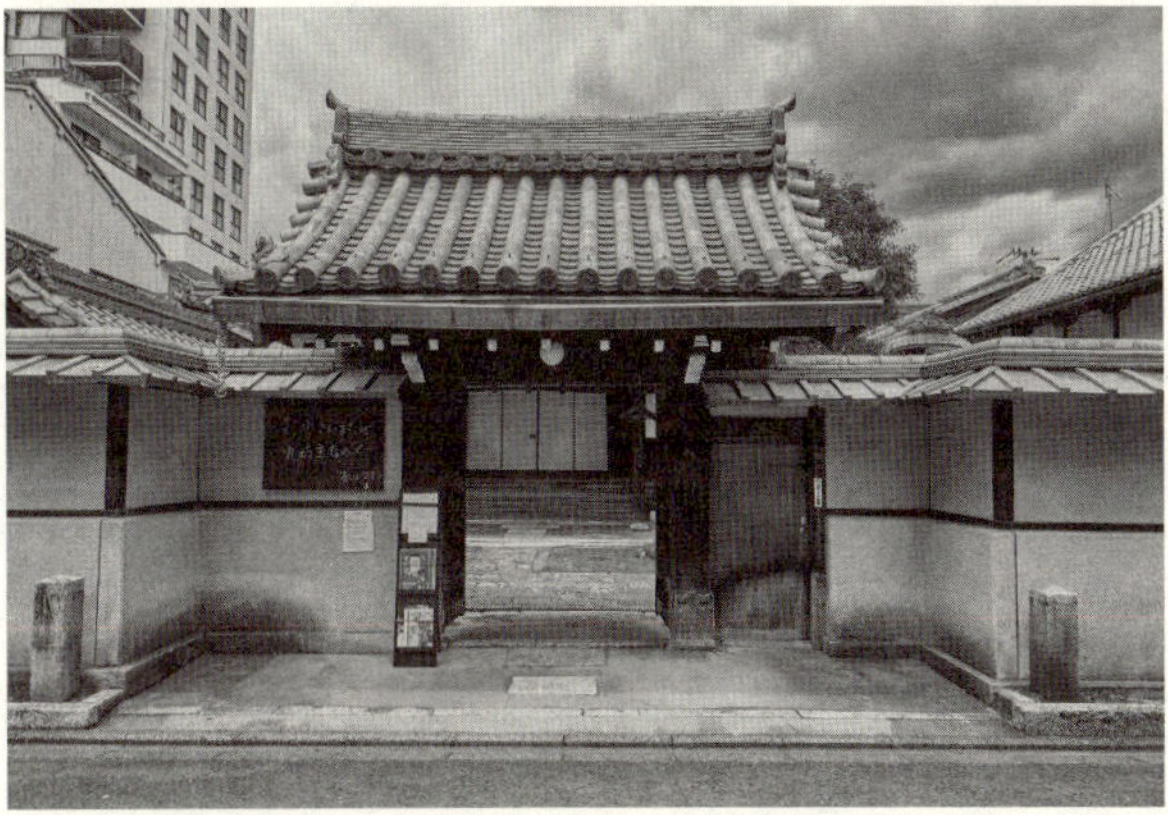

著者が住職をつとめる浄土宗・龍岸寺（京都市下京区）

たりというお坊さんらしい日常の傍らで、その合間を縫って本堂でドローンに載せた仏像を飛ばして「極楽来迎《ごくらくらいこう》」を表現したり、菩薩《ぼさつ》をモチーフにしたお寺アイドルのプロデュースに携わったりして、世間を騒がせてきた。子供たちは、学校の宿題そっちのけで、日々新しい光景が繰り広げられるのを楽しみにして育った。

このような私の品行を「お坊さんらしくない」と笑う人は多い。

確かに、ドローンに載った仏像が飛び、お寺アイドルが踊るのは龍岸寺ぐらいだろう。しかし、数百年以上の歴史と品位ある伽藍《がらん》を有し、それを住職一家が住み込みで守っているという点では、龍岸寺は他のほとんどのお寺の姿と何も変わらない。そして、家庭での生活は、シングルファザーという特殊な環境ではなかったとしても、決して一筋縄ではいかないことは、きっと皆さんもよくご承知だろう。

離婚とひとり親の子育てを経てつくづく思うが、修行を積んだ住職も、やはり人生の選択に悩んでもがき苦しむことがしょっちゅうだ。でも、どうしようもない生身の人間であるがゆえにこそ、お寺の伽藍を仰ぎ見たくもなるし、守っていきたいというモチベーションにもつながる。永い歳月にわたってお寺が受け継がれてきた理由は、たぶんそういうことなのだろう。

本書には、苦しい時にお寺の中でどのように力をもらい、いかにシングルファザーとして生き延びてきたのかを、包み隠さず赤裸々に書いた。ハプニングだらけの日常を楽しく読んでいただいているうちに、ともすれば抹香臭く思われがちなお寺のイメージが崩れ、子育てのみならず人生の頼もしいパートナーに変わっていくと嬉しい。

住職はシングルファザー　目次

第二章　シングルファザー住職の「考える育児」　89

第三章　シングルファザーの孤独　135

序章　お坊さんの結婚と離婚

お坊さん、結婚を決意する

「結婚することにした」

今から十七年前、二十七歳のある日のこと。ぶっきらぼうに、両親にそう報告した。

いや、報告したというより、宣戦布告に近かった。

私に交際相手がいることは両親も知っていたし、顔を合わせたことぐらいはあったが、結婚について相談したことはなかった。それなのに、あくまで決定事項として淡々と伝えた。

両親は、あからさまに不機嫌だった。

「考え直す気はないのか」

やばい。逆風だ。でも今さら戻れない。

「うん」

突き放すように、私は首を少しだけ縦に振った。場の空気はさらに凍り付いた。両親のあまりの剣幕に、私は何か大きな罪でも犯したのかと自問した。どこにも悪いところは見当たらなかった。次第に、「お坊さんは好きな女性と結ばれることがこんなにも認められないのか」という憤りがこみ上げてきた。

結婚相手は、七歳年上で、十年以上薬局に勤務してきた薬剤師。世間一般に見れば、申し分ないキャリアのはずである。病気になった時などには心強く、頼りがいのあるパートナー。ましてや、これから年老いていく両親にしてみれば、身近に薬剤師がいるなんて、願ったりかなったりではないか。それなのになぜ、露骨に嫌悪感を抱いたのか。これは、お寺の跡取りとして生まれた私に特有の事情を説明しないと、理解しがたいだろう。

両親と私は、世間一般のサラリーマン家庭のような親子関係ではない。父と私は、親子であると同時に、僧侶としては師匠と弟子でもある。幼い頃から私は父に純粋に「好き」という感情を抱くよりも、つとめて「敬うべき存在」と見ていた。逆に、父は私に対してことあるごとに、私の立ち居振る舞いがお坊さんらしくあるように、丁寧に指導してくれた。

そんな関係の中で暮らしていたから、結婚という人生の重大局面を迎えるにあたって、父と母はあらかじめ相談があると思い込んでいたのだろう。

「お寺の奥さんには向かないぞ」

お坊さんとしての理想の結婚とは何か。

決して、好きな相手と結ばれることではない。もちろん、お互いの相性がよいに越したことはないが、それよりも重要視されるのは、結婚後、お寺がうまく運営されていくかどうかである。

事実、父は母の助けを得ながら二人三脚でお寺を護り抜いてきた。そして間違いなく、私と結婚相手にもその姿を正しく受け継いでほしいと願っていたし、またそう指導していくべきだとも自負していた。だからこそ、師弟のはしごを外そうとした私に、両親は嫌悪感を露骨に示してきた。父というより師匠として、弟子である私の結婚相手の資質を見定めないかぎり、結婚を認めることはできなかったのだろう。

とはいえ、私が結婚についてまったく相談をしなかったのは、両親のそのような思惑にうすうす気づいていたからであり、結婚相手が両親の好みそうなタイプではなかったからでもあった。

「吾唯知足（われただ足るを知る）」と彫刻された急須台がダイニングで愛用されていた

のを今でも覚えているが、両親はこの言葉のようにつつましく生きることを是としていた。仏教では「私たちは生きている」のではなく「生かされている」と考えるのだとよく習った。

しかし、私の選んだ相手は、両親の理想とする生き様とは対極の世界を生きていた。洗練された洒脱さを好む家に育った人で、プジョーやシトロエンなどのフランス車を乗り回し、毎年フジロックには関西から苗場まで車で往復していた。年に何度もふらっと海外に旅に出かけていった。型にとらわれない趣味の人だった。

趣味に没頭したら、とことんまで極めたい癖があるのは、実は私も同じだった。大学時代には我を忘れてクラシック音楽にのめり込み、日本国内のコンサートでは飽き足らず、本場ヨーロッパまで音楽を聴きに行っていた。ただ、幼い頃からの教育のせいで、お寺の跡取りらしさを忘れて趣味を追求しようとする自分に、どこか後ろめたさがつきまとった。自由に生きる彼女と接した時に初めて、知らず知らずのうちに心のなかに抱えていたリミッターが外れた。私も自由に生きたいと思うようになっていった。

変わり者同士であることはお互いに自覚していた。ともに音楽が好きでも聴くジャンルはまるで違ったし、私たちのあいだに共通の趣味などなかったが、一緒にいる時間は不思議なぐらい居心地がよかった。自分の知らない風景が目の前に広がって楽しかった。お寺文化は旧習に満ち満ちていたとしても、二人の趣味を生かして新しい風を吹き込んでいけると思っていた。

しかし、目の前にいる両親との話はまったくの平行線。

「ああいうタイプはお寺の奥さんには向かないぞ」

「本人はやる気あるんだから信じてやればいいじゃん」

そう反発しながら、両親の言うこともわからないではなかった。私が見てきた両親の生き様は、端的に言えば「滅私奉公《めっしほうこう》」だった。自分たちの趣味でお寺を変えようとするなんてもってのほかで、お寺の伝統を尊重して自分を律していくことこそ正義だった。

たとえば、お寺で購入する車は、日本車が原則。外車は奢侈《しゃし》なイメージを抱かせるからよくないらしい。父が乗っていた車種は、スカイライン、ブルーバードなど日産製のセダンと決まっていて、ボディのカラーも毎回ベージュ系の大人しいものだった。父に「今日新しい車が来るよ」と言われてワクワクして待っていても、届いてみると私と妹は「おんなじ車やん」とがっかりする始末。「友達のおうちの車、真っ赤でカッコよかったよ」と吹き込んでみても、「赤い車じゃお葬式いかれへんからな」とそっけない返答だった。

「お寺の奥さんになったら、外車はもう乗らないよね……」

両親はさらっと釘を刺してきた。私からすれば、世間体だけのために人生に制限をかけるなんて馬鹿らしかったが、逆に言えばそれぐらい徹底してお寺のために尽くしてきた両親だった。だから、趣味を生かしてお寺を切り拓こうという私たちのこざかしい態度に、心底ムカッ腹が立っていたはずである。郷に入っては郷に従えということわざのように、お寺に入るならお寺の色に染まらなければならない、というのが両親のスタンス。私の結婚相手にも、キャリアをすべて捨てて、フランス車も海外旅行もやめて、つつましい生活をしてお寺のために尽くす覚悟を求めていた。

「跡継ぎ出産」というプレッシャー

両親の生き様に敬意を払いつつも、私は一歩も引くつもりはなかった。機が熟するのを待つのも一手だったが、私たちのほうにも悠長に年月を重ねていられない事情があった。

世間一般には「おひとりさま」で人生を終えていくのも許容される時代だが、お寺社会だと周りがそれを許さない。

お寺の跡継ぎ、つまり男児を出産することが求められるのだ。

結婚披露宴に列席したお坊さんや檀家さんが、祝福のスピーチで「お寺の奥さんになったら、子供を産まなあかん。それも男の子を産んではじめて一人前や」みたいな時代錯誤のハラスメントがバリバリ現役の世界。年齢的に新婦の出産が難しいような場合には、「夫婦仲睦まじいのはいいけれど……」と容赦なく陰口をたたかれたりする。檀家さんとしては、お寺が代々続いていくことを願っているにすぎないのだが、奥さんにとってはたまったものではない。

結婚を決めた時、私は二十七歳で、相手は三十四歳。跡取りが求められるお寺事情には感づいていたのだろう。「お坊さんと結婚したら、子供を産まないといけないよね」「四十歳になってから子供を産むプレッシャーを受けるのはツライ」と怯えていた。「何年も待つぐらいなら別れたい」とも言っていた。

一方で私のなかにも、タイムリミットが近づいているという焦りがあった。

三十歳を過ぎれば、私に対しても「そろそろ身を固めないと……」とプレッシャーがかけられ、お見合い攻勢に見舞われるに違いなかった。全国のお寺に出入りしている法衣店や仏具店が世話役となって、「あそこのお寺の娘さんをここの息子さんに」と見合いが組まれるのも、この業界ではよくある話。うっかり断れば角が立ちかねないし、うまく結婚に至ればめでたしめでたしだが、今度はお寺社会のロジックから一歩も抜け出せなくなってしまう。

一度きりの人生、私は自分なりの生き方で生きたかったたし、相手もまた同じだった。両親の意見に耳を傾けず、結婚へと突き進むのみ——。

いくら否定的な言葉をかけられても、私は怯まなかった。両親との関係がこじれることをあっさりと覚悟し、毅然と結婚を選んだ。親不孝であることを恥じる思いはまったくなく、「お寺らしさ」という得体のしれない闇と決別したことを、誇らしく感じていた。私の体を、はじめて「自由」の風が吹き抜けた気がした。

仏教に等身大で向き合う

婚姻届を出し、彼女と一緒に住むようになったのは二〇〇八年の暮れ。私は二十八歳になっていた。旧習や格式よりも自分たちの感性を重んじる私たち夫婦は、翌春に控えていた結婚式や披露宴など片手間の通過儀礼ぐらいにしか取り合わず、それよりもむしろ独身の頃と同じようにそれぞれの時間を大事にしていた。

両親の反対を押し切ってまで結婚を決めた以上、私にも引くに引けない思いがあった。外車が好きかどうかなんて、仏教を実践していくうえでどうでもいいはずである。地味な国産車に乗って没個性的な生き方を装っているせいで、世間からお坊さんが退屈な存在に見えているとも考えられるだろう。むしろ外車に乗って颯爽と現れて、美しい立ち居振る舞いや切れ味の鋭い法話で人の心を捉えるお坊さんのほうが、意外とカリスマ性があると騒がれたりするのではないか。

自分自身の感性に蓋をして生きるのは、私にはとてもしんどいことだった。できることなら、自分自身の感性を豊かに育むために、仏教を実践したかった。私は、旧習の檻《おり》の中に閉じこもるのはもうやめて、妻にも意見を聞きながら、お寺社会の新しい地図をどう描くかについて、真剣に考え始めるようになった。

とはいえ、言うは易く行うは難し、である。ご年配の檀家さんとばかり話してきた私は、どんな言葉を語れば同世代が振り向いてくれるのか、見当もつかなかった。

言いようもない焦りが、つのる一方だった。

当時の日本は、バブル崩壊以降の長引く不況の中で、戦後日本の社会を作ってきた終身雇用や年功序列制度が時代遅れの遺物とみなされ、代わって、若手起業家がＩＴ技術を駆使して新しいマーケットを開拓して注目を集めていた。ＩＴが古臭い日本の社会に次々と引導を渡していく様をニュースで見ながら、私は実に胸のすく思いを味わっていた。

お寺も、時代の変わり目を逃してはならない――。

同じ速度で革新すれば、現代にふさわしいお寺になるが、伝統を盾にして変化から目を背ければ、過去の遺物になり果てる。

要するに勝負の時が、今なのだ。

私が戦いを挑もうとしている相手は両親というよりも、両親が背負ってきたお寺全体の旧習であった。だから、同じような危機意識を持ち、旧習に引導を渡すために共同戦線を張ってくれる同世代の仲間はきっと大勢現れるだろうと、淡い期待を抱いていた。

私は、実家の近くのお坊さんや、大学時代の研究者仲間、そして、奉職していた知恩院の同僚らに片っ端から声をかけた。だが、共感してくれるお坊さんは、ほぼ皆無だった。斬新な活動に加担することで教団から干されることを恐れた人もいたし、そもそも「お寺は変わらないものだ」という理屈に矛盾を感じていない人も多かった。

知人らの気持ちがわからないでもなかった。定年制度すらないお坊さんの世界は、文字通り浄土に旅立つまでの〝終身〟雇用。七十歳、八十歳になっても現役で、いつまでも権力を握ったまま。四十代、五十代はまだ若手。二十代の新米僧侶にはまったく発言権がなかった。ITを活用したこれからの布教の形をいくら提案しても、「インターネット」という言葉すら理解しない七十代、八十代のお歴々にはまったく刺さらない。「ご年配の檀家さんはパソコンを使わない」「時代に流されないのがお寺の良さ」と一蹴されるだけだった。

妊娠と出産、妻のSOS

本当に変わらないままでいいのだろうか。

いや、当たり前が当たり前に通用しない社会は、絶対に間違っている。

新しいツールを積極的に使って、より多くの人に教えを伝えてきた結果、今日まで仏教が続いてきたはずである。変わらない価値を伝えるためには、変わり続けなければならない。「諸行無常」を説きながら変化することを拒むなら、お坊さんの生き方こそが仏教から外れているではないか。

「葬式仏教と馬鹿にされる状況を打破し、現代を生きる力にしたい」

「現代の苦しみに寄り添い、解決に導いてこそ仏教の価値がある」

「お寺はあらゆる人々に開かれているべきだ」

　虚しく響く私の言葉を聞いて、妻だけはいつも背中を押してくれた。さすがしがらみのない世界に生きてきた人は、曇りない目で社会を見ていると思った。

　業を煮やした私は、妻以外ほとんど理解者のいないままに、二〇〇九年八月に「フリースタイルな僧侶たち」というチームを発足させ、自分たちの思いを綴ったフリーペーパーを発行しようと決めた。「たち」と複数形にしているわりにソロプロジェクトに近かったが、フリーペーパーを配布し続けて、街中で自分の思いを伝えていけば、いつか振り向いてくれるお坊さんも増えてくるだろうと願った。

　妻の妊娠がわかったのは、ちょうどその準備をしていた頃だった。さすがに動揺した。知恩院に週五日奉職しているところに、新しい仕事を抱えれば、私が育児にかかわる時間はどうしても減る。ましてや収入の足しになるとは到底思えないフリーペーパーの発行など、良い顔をするはずもない。「このまま進めてもいいのか」と、おそるおそるおうかがいを立てた。そうすると、すぐに「もちろん」と返事してくれた。あっけにとられた。「理解ある妻でよかった」と感謝した。そして、この言葉を鵜呑みにして、ますます自分のプロジェクトに打ち込んだ。

出産とともに専業主婦になった妻は、娘が寝ているあいだにはフリーペーパーの編集にも絶えず助言をくれる参謀役だった。ママライターとしても活躍し、コンテンツが不足しがちな中で、創刊号から四年半にわたって「ヘルシー精進レシピ」を執筆してくれた。精進料理といえば、お坊さんが修行中にいただく粗食のイメージを抱く人が多いだろう。しかし、妻のレシピは、「ラタトゥイユ」「アンダルシア風ガスパチョ」「お豆腐ケークサレ」など型破りなものばかり。魚や肉を使わず、ニンニクやタマネギも使えないなどの精進料理のルールを守ったうえで、いかに美味しく、見た目にも色鮮やかなものを作るかに徹底してこだわり抜いた。

フリーペーパーの誌面では、他にも尖ったコンテンツを載せ続けた。仏教をモチーフにした歌で教化活動する「歌うお坊さん」や、紙芝居や人形芝居を上演して全国に笑顔を届けるお坊さんなど、変わり種とされていたお坊さんも数多く取材した。個性を押し殺してマニュアル通りに生きるのではなく、個性を発揮してもがきながら新しい仏教を作っていく。そんな「フリースタイルな僧侶たち」の活動は、多様な価値観が認められる時代にふさわしい仏教を提案するものだとして、大きなインパクトを与えた。

夫婦が力を合わせ、二人三脚で勝ち取った成功。周囲からは、ますます活躍する夫を妻が支え、理想的な家庭を築いているように思われていた。

だが一方で、妻の心は悲鳴をあげていた。

活動が軌道に乗るにつれ忙しさは増し、育児家事はまかせっきりになっていったからである。二〇一一年に第二子の長男が生まれると、妻にかかる育児の負担はさらに増えた。私は面白いお坊さんがいれば全国どこにでも取材に出かけていったし、編集で忙しい時は事務所にこもりっきりで日付が変わるぐらいまで帰らなかった。幼稚園入園前の子供二人と暮らしていた妻は、孤独だったと思う。「週に一日ぐらい休みを」とも言われたが、取材の依頼などがあればどうしてもそちらを優先することになった。妻は「大人と話したい」としきりに愚痴っていた。

「仏教を生きる力に」とトークイベントやメディアの取材では繰り返し叫んでいたのに、恥ずかしながら、私は妻の苦しみに向き合えていなかった。あの時SOSを受け止めて、少しでも妻に向き合っていたら、坂を転げ落ちていくことはなかったかもしれない。悔恨の極みである。

住職はバツイチ

「フリースタイルな僧侶たち」の活動拠点を京都に構えていたことや、奉職していた知恩院も京都にあることから、尼崎の実家を離れ、二〇一四年の夏に母方の実家で京都にある龍岸寺の住職となった。同時に、お寺への引っ越しも済ませた。

私は生まれてからずっとお寺に縁のある暮らしだったから、お寺の日常に慣れている。法要の時に檀家さんがキッチンまで入ってきてお茶出しの接待を手伝うような、プライバシーのない生活も平気だし、サラリーマンのように決まった休みがとれず年中無休で生きるのも当たり前。ご年配の檀家さんのおせっかいをさらっと流しながら生きていくすべも、もう板についている。

しかし、妻は違った。結婚前は、自分自身のプライベートな時間をひたすら趣味に費やし、感性のおもむくままに自由奔放に生きてきた。結婚後も、私は妻の生き方を尊重して、あえてお寺の旧習を教えずに暮らしてきた。それなのに、よりにもよって伝統と格式を重んじる、京都のお寺に住むことになった。妻は、私となら なんとかやっていけると強がってついてきてくれたが、実際はかなり怯えていたのではないか。

お墓参りに来た檀家さんからは、「外車、乗ったはるんですね」と言われる。悪気があるのかないのかわからないが、内心穏やかではなかったに違いない。

キッチンで調理している匂いが境内に抜けるから、息抜きの料理にも専念できない。クリスマスに子供のためにチキンを焼く時も、どこか居心地が悪そうだった。

せめて仏前に供えるお膳のメニューで持ち味を発揮しようと気を利かせ、パプリカを使って「彩りが綺麗でしょう」と周りにアピールしてみたら、「和食だからししとうにしてね」とバッサリ切り捨てられた。私なら、「たまには洋風でもええやん」と口答えできるが、にわかにお寺文化に触れたばかりの妻には、素直に従うしか選択肢がなかった。

自由に羽ばたくための羽根が、一枚ずつもがれていった。いつしか飛べなくなり、愚痴ばかりが口をつくようになった。そして、そのはけ口はすべて私だった。

「あなた以外に誰が聞いてくれるの？」

妻の願いに、私はできるかぎり応えようとした。でも、毎日のように愚痴を聞いていると、私も少しずつすり減ってきた。丸太にでもなったように心を閉ざしてしまった。それは同時に、妻への愛に蓋をした瞬間でもあった。家庭のなかからぬくもりが失われていった。

離婚――。

ある日、ふと脳裏にこの二文字がよぎった。

まさか、と思った。

しかし、この二文字は消えることなく、日に日に私の心の中で大きく膨らんでいった。

それまで、日本人の三組に一組が離婚する時代だと知りつつ、自分自身には関係のない話だと決め込んでいた。夫婦円満にやっていけるだけの甲斐性があると、うぬぼれていたと言ってもいい。

浮かんだのは、結婚前、両親が妻のことを「お寺の奥さんには向かない」と厳しく言い放ったことだった。私は両親の言葉を受け流したが、心を鬼にして忠告をしていたのだろう。「妻の個性を尊重するなんて浅はかだ」「徹底的にお寺色に染めなければ後悔する」と伝えたかったのだろう。しかし、今となってはもはやどうしようもなかった。妻とお寺で暮らす日々は空回りするばかりだった。

だが、いくら離婚が珍しくない時代でも、お寺の住職は世間一般の夫婦のように人知れず離婚することができない。なぜなら、住職の日常生活は、昔ながらのムラ社会のごとく、日々お寺にお参りにやってくるあらゆる檀家さんにさらされているからである。離婚したなら、檀家さんの格好のゴシップネタになる。

住職はバツイチ——。

冷ややかに陰で笑われながら生きていく未来を想像すると、私は不安にかられた。法事や葬式で一生懸命に読経《どきょう》をしていても、後ろに参列する檀家さんは住職の私生活が気になって、儀式に集中できないのではないか。法話で正しく生きる道をいくら神妙に語っても、夫婦円満に生きられないお坊さんの言葉など、まるで響かないのではないか……。

家庭をとるか、お寺をとるか——

離婚を回避するために、別の選択肢をとることもできた。

たとえば、家庭生活を優先して、近くのマンションに住んでそこからお寺に通う。そうすれば、妻のプライベートを守ってストレスを和らげることもできただろう。

それでもうまくいかないなら、私が住職を辞めてお寺を出ていく。あまりに家庭事情を優先し、お寺を軽視した選択肢だと思われるかもしれないが、実際、奥さんがお寺に馴染めないために、お寺から出てしまった夫婦の例はいくらもある。事実、私も、「お寺が大事なの？　家庭が壊れてもいいの？」と何度も突き付けられたことがあった。

家庭生活をとるか、お寺をとるか――。

いわば、プライベートを優先してお寺を閉ざすのか、開かれた公器としてのお寺を目指すのか。

私が選んだのは、後者だった。

結婚以来、二人三脚でやってきた妻を裏切ることは辛かったが、お寺の公益性をとることを私は優先した。「フリースタイルな僧侶たち」という仏教改革のムーブメントを起こして数年、いつしか私は若手僧侶の旗手として注目を浴び、期待を背負うようになっていた。これからの時代のお寺をともに創ろうとする野心的な仲間たちも集まり始めていた。今私がプライベートに固執したら、離婚は免れるかもしれないが、この国の仏教の歩みが停滞するという自負もあった。

お坊さん、離婚する

やむをえない――。

決意した私は、妻の不満を顧みることなく、どんどん斬新な取り組みを進めていった。そのひとつが、学生の街・京都ならではの特性を生かし、いくつもの大学とコラボして毎秋企画したお寺アートフェス。二〇一六年には、学生からの発案でアイドルプロデュースをするようになった。お寺に活気が漲《みなぎ》ってきたが、妻との関係は冷え切っていった。しわ寄せをくらったのは、小学校に入って間もない長女。家庭内不和のために、落ち着いて宿題ができず、生活のリズムが崩れて寝る時間も起きる時間もばらばらで、学校に行く気力が失せるという負のスパイラル。次第に不登校に陥った。早く離婚を成立させることこそ、この子のために自分ができる唯一のことだと思った。

協議の末に、二〇一七年の暮れに離婚が成立。三十七歳の時だった。

当時小学二年生の長女と幼稚園年長の長男は、私が引き取ることになった。妻にも言い分はあったが、私はサラリーマンと違って多くの時間をお寺で過ごしているため、お坊さんとシングルファザーは両立できると主張した。また、子供の教育面においても、たくさんの人々が出入りするお寺のほうが、いろいろとケアもできると信じた。

とはいえ、理屈としては「お寺で子育て」は美談であるが、現実には、僧侶としての仕事以外に連載の執筆なども抱えていた私が、シングルファザーとして育児家事までこなすなど、果たしてできるのか。子供の心の傷を癒して、まともな生活を取り戻せるのか。

やり切れる自信などまるでなかったが、世の中のシングル家庭はみんな同じような苦境を乗り越えているはずである。お坊さんがここで打ちひしがれている場合ではない。しかも私は数年来、「苦しみに寄り添う」「仏教を生きる力に」などと掲げて、仏教の改革を叫んできた。勇ましく放ってきた言葉の数々は、ブーメランのように我が身に向かって返ってきた。

お寺の跡取りとして守られてきた子供時代や、幸せな結婚生活を過ごしていた頃には、思ってもみなかった苦境。僧侶はさとりの世界に近い存在であるはずが、夫婦関係がもつれにもつれ、ひとり親となり育児家事に追われて生きるという浮世ど真ん中の生活。果たして、仏教は、シングルファザー住職の味方となってくれるのか。お寺で暮らすことで、子供の心は豊かに育っていくのか。

私が仏教と本気で向き合う日々は、ここにようやくスタートしたのである。

第一章　悪戦苦闘するシングルファザー

1．シングルファザーの決心

お坊さんの離婚はタブーなのか？

かくして、結婚生活は約九年で幕を閉じた。二〇一八年の正月から、子供二人を男手ひとつで育てるという、夢想だにしなかった「シングルファザー住職」としての新しい生活が始まった。

離婚を経験した知人男性は「辛いのは離婚するまで。離婚したら明るい未来しかない」とアドバイスをくれた。さすが先達、的を射た表現である。しかし、彼らは離婚してもシングルファザーになったわけではなかった。子供を引き取った私の場合、長いトンネルの出口はまだはるか先のように感じられた。

涙を呑んで子供たちと暮らすことを断念した妻。子供たちのことを眼に入れても痛くないほど可愛がってくれていた妻の両親。他にも、結婚披露宴に列席して私たちのことを祝福し、その後も応援してくれてきた親戚や知人たち。離婚によって傷つけることになった多くの人たちの顔が絶えず脳裏をよぎり、そのたびに自身の未熟さを思い知らされて、傷跡がズキズキと痛んだ。

それだけではない。お寺にいると、お墓参りのために檀家さんもしょっちゅう訪ねてきて、何気ない挨拶のつもりで「奥さん最近見ないけど元気？」などと口にするから、傷口をさらにえぐり抜いていく。「実は離婚したんです」と正直に答えると、「えっ！」と絶句して申し訳なさそうな顔をされる。あまりに悲しそうなので、私はなぜか「申し訳ありません」と謝罪する。檀家さんに悪気はないのは当然だ。だが、そのたびに心をグサグサ刺される思いがした。

不幸中の幸いだったのは、結婚披露宴をこぢんまりとした規模で行っていたことである。お寺の世界では、新郎新婦ともお寺関係者なら、今でも百人規模の披露宴が行われることがしょっちゅうである。スキンヘッドだらけの披露宴は威圧感が満載で、なんど経験しても慣れない。冒頭の挨拶でお坊さんたちが気の利いた法話をしたがるから、乾杯までに一時間以上かかった披露宴もあった。

もし私もたくさんのお坊さんの祝福を受け、その前で夫婦の愛を誓いあっていたら、離婚の後ろめたさは何倍にも増していただろう。離婚を報告する手間も相当なものがあったに違いない。最近は住職が離婚するケースもよく聞くようになったが、世間一般ほど許容されているわけではなく、依然としてタブーのように思われているのは間違いない。「恥の文化」を醸成する日本らしいしがらみの構造が根強く残っているからだと思う。離婚しても言い出せずにひた隠しにしている人もいる。

「自業自得」

私も離婚したことをひた隠しにしておくことが、お寺の旧習の中でとるべき振る舞いだったのかもしれない。そのほうが両親や親戚はホッとしたかもしれない。しかし、この離婚の件に限らずであるが、私はわりとあけすけに自分の身に起こった悲劇を語るほうが、仏教徒らしい前向きな生き方だと思っている。

理由は二つある。

一つには、仏教的に言えば、後悔するべきは、離婚したということではなくて、離婚に至った原因だと考えるからだ。

仏教の世界の前提には、「自業自得」という因果応報のことわりがある。つまり、善い行いをすれば幸せがもたらされ（「善因楽果《ぜんいんらくか》」）、悪事にふければその罰は我が身にふりかかる（「悪因苦果《あくいんくか》」）。自分の行いの報いは必ず自分が受けなければならない。

もっとも、この自業自得の考え方に納得しない人もあるだろう。

「一生懸命働いてるオレよりロクに働かない社長の御曹司が先に出世するのはなぜだ」

「犯罪に手を染めても警察につかまっていないヤツもいるではないか」

しかし、仏教では幸不幸の結果がもたらされる時期は、今生《こんじょう》だとは言わない。来世かもしれないし、来来世かもしれないが、必ず結果はやってくるという。経典をいくら読んでも、そのタイミングについてはいつも「お釈迦さまのみが知っている」などと説かれ、うやむやにして煙に巻かれてしまう。だから、正直に言えば、私も因果応報を百パーセント信じ切っているわけではない。

ただ、他人のことはともかくとして、我が身を省みるなら、苦しい時はつい自分を正当化しがちだが、よくよく考えると己の非ばかりが思い当たる。離婚にしても、私の努力次第で回避できるタイミングはいくらもあったはずだ。

我が身の至らなさを「悪因」として反省すればこそ、その「悪因」からもたらされた「苦」が二度と起こらないように生き方が変わってくる。「自業自得」の考え方は、よりよく生きるための提案として、百パーセント合理的だと受け止めている。

だから、今目の前にあるシングルファザー生活の大変な部分だけ見て愚痴るよりは、めいっぱい向き合って家族が成長する糧にしようと思った。

そしてもう一つの理由としては、仏教では、人間には苦しみに共感しあう力があると考えるからである。「慈悲」という仏教語は、実は、人を幸せにしたいという感情（「慈」）と、人の苦しみに寄り添いたいという感情（「悲」）をまとめた言葉であり、人間がこれらの感情を本来的に持っていることを説いている。その生活を包み隠さず語ることで、共感の輪が広がるなら、この社会が少しぐらい生きやすくなるだろうと信じている。

「シングルファザーはかくも大変なのか」とわかれば、離婚を回避して夫婦円満に暮らそうとする家庭があるかもしれない。あるいは、「僕でもシングルファザーをやれそうだ」と前向きに離婚へと進む父親もいるかもしれない。いずれにしても、多くの人たちで苦しみを感じ合って、よりよい未来を作るように背中を押すのが、お坊さんのつとめだろうと思っている。

2．生活再建への第一歩

小学二年生の娘と幼稚園年長の息子

離婚してまず向き合うべきは、子供の心である。

私の心ももちろん疲弊していたが、「苦しみは糧にすべきものだ」という理解があるだけで気分に余裕があり、メンタルを病みそうな気配はなかった。

しかし、子供の心には、そんな余裕はない。

子供は、寝食をきちんとしていればそれなりに体は大きくなっていくが、心はひとりでに育まれてはいかない。夫婦仲が荒れていれば、子供の心はその影響をもろに受けてしまう。離婚というのは、大人よりもはるかに子供にとって過酷なものだろう。

離婚した時点では、私の子供二人の心はまだまだ幼かった。

まずは小学二年生の長女。

幼稚園から小学校にあがると、学校の宿題も翌日の授業の準備も、ひとりでできるようにならなければならない。朝は集団登校で出かけても、帰りはひとりで家まで帰ってこなければならない。つまり、親の助けを借りずとも、身の回りのことは「ひとりででき る」という感覚を身につけるのが、小学生になって必要とされることである。

しかし、娘はどうだったか。夫婦喧嘩に疲弊した両親にかまってもらえないせいで、生活がグダグダになってしまっていた。お風呂にも入らず、リビングで寝落ちしてそのまま朝を迎えることもよくあった。乱れに乱れた生活では朝もうまく起きられない。着替えぐらい年齢的にはもう自分だけでできて普通なのに、親が脱がせて着せてあげないといつまでもパジャマ姿。当然、宿題が終わっているはずもない。もたもたしているうちに、「ピンポーン」と集団登校班の呼び鈴が鳴る。その音は娘を怯えさせるだけで支度を急《せ》かす効果はなく、「すみません、今日も先に行ってください」と答える毎日。私が学校まで送り、それで間に合えばいいが、遅刻するのは当たり前。学校に行く気にならないままずっと家に居ることもしょっちゅうだった。

もともと几帳面なタイプの子だったから、そのような日常にものすごくストレスを感じていたのではないか。子供がうまく生きられていないのを目の当たりにして、その原因が私にあると思うと、心がズキズキ痛んだ。思うにまかせない日常に、キレて泣きじゃくっていたこともよくあった。泣いている娘をなだめすかして、背中を押し、少しずつ忍耐力をつけて乗り越えさせてやるのが親の役割。それを繰り返して、幼稚園児から小学生へと成長していく。しかし、娘はそれができないままであった。

学校の先生も見るに見かねて、ときどき迎えに来てくれた。学校をあげて娘を気にしてくれている……私にとってはもう申し訳なさ満載の瞬間である。先生が来ると「学校行きたくない」と言っていた娘も、たいていはあきらめて登校していった。学校に行きさえすれば下校まで楽しく過ごし、機嫌よく帰ってくる。家庭訪問の時などに学校での様子を先生に聞くと、「友達と仲良くしてますよ」「勉強も困っている様子はないです」と、不登校に至る原因は見当たらない、という様子だった。

おそらく先生は「原因は家庭にあるはずだ」「夫婦仲が良くないのかもしれない」などと勘ぐっていただろうが、家庭の生活環境に介入するほどの「おせっかい」まではできない。離婚前、スクールカウンセラーへの相談を勧められて話を聞いてもらいに行ったこともあったし、児童相談所に足を運んだこともあった。もらえたのはせいぜい「夫婦仲良く温かい家庭を作ってください」「忙しくてもお子さんに向き合ってあげてください」という模範解答的なアドバイス。「頑張ります」とお礼を言いつつ、内心では「それができないから相談に来てるんだよなぁ」と虚無を感じて帰宅した。何度もお世話になる気にはとてもなれなかった。

さて、もう一方の長男は、幼稚園年長。姉とは違ってお調子者。のほほんとした楽天的な性格のムードメーカーで、家庭内不和をものともせず元気に通園し、幼稚園でも友達と仲良く打ち解けていた。

ただ、楽しく過ごせていればいいわけではない。幼稚園の頃は毎日の宿題はないけれど、集団生活である以上、ルールにのっとって生活することが求められる。いわば「元気にあいさつ」「ありがとうを言える」「嘘はつかない」などのような「しつけ」の基本を学ぶべき時期であろう。

私は子供の頃に「嘘をついたら閻魔《えんま》さまに舌を抜かれて地獄に堕とされる」と脅され、底知れぬ恐怖を覚えた記憶がある。今どき閻魔さまへの恐怖感でしつけを行うのは流行らないかもしれないが、私たちが無数の命の縁によって生かされている以上は、人智を超えたものへの畏怖の念を教えるのは、幼少期に大切なしつけだろう。そこから、親や先生を敬う心がけや、世の中のルールを守る習慣も、おのずと身についてくる。

しかしながら、離婚前は幼稚園から帰ってきても親にかまってもらえず、制服のままiPad に没頭して、何時間も YouTube 漬け。歯磨きや入浴の習慣もいい加減。幼少期のしつけが疎かだった悪影響が残らなければいいが……と淡い期待を抱いていたが、子育てはそんなに甘いものではないと後々に知ることになるのである。

YouTube の魔力

そんなわけで、離婚したての私の目の前にあったのは絶望的な状況だった。とにかく、育児初心者でも実践できる当たり前のことから、積み重ねていくしかないと思った。

「千里の道も一歩から」「ローマは一日にして成らず」という格言に似た言葉で、仏教には「車に乗る人は涅槃《ねはん》に至る」というのがある。今の自分が、「さとり（涅槃）」というゴールからいくら遥か離れていたとしても、その終着点に向かう車に乗って生きていれば、やがてはたどりつく。もともとの経典の言葉は実はもう少し長く、「車に乗る人は、男性であれ女性であれ涅槃に至る」と、当時地位の低かった女性にも、さとりが平等に訪れることを説いている。要するに、自分の置かれている境遇や立場などを嘆いたところで無駄で、それよりは前へ向かっていくことのほうがよほど大切なのである。

家族において最初の一歩は、メリハリのある規律正しい生活だと思った。特に、iPadに子守を任せるのではなく、子供ときちんと向き合うところから始めることにした。もちろん、タブレットやスマートフォンが、育児の役に立つと考える家庭もあるだろう。これは、各家庭で判断が分かれるところではないか。

うちの場合は、タブレットやスマートフォンを、率先して子供に使わせていた。長女が誕生したのと同じ二〇一〇年に、初代iPadもこの世界に生を受けた。間もなくして我が家にiPadがやってきた。娘はiPadがいつもそばにある環境で育ってきたから、立って歩けるようになると、テレビの画面をiPadのようにタッチしたりスワイプしたりして、何も反応がないことに驚いていた。私たち夫婦は、娘が驚いているその様子に驚いた。

iPadを購入した時は、知育アプリで知識を身につけたりするのには便利だし、あわよくば子供が知育アプリを使っているあいだに家事を……という目算があった。ネイティブが歌う「ABCの歌」を繰り返し聞いた娘は、いつの間にか、親よりも綺麗に英語を発音するようになっていた。知育アプリならではの教育である。だが、子供が従順に知育アプリで学び続けるはずはない。振り返った時に落胆とともに目にするのは、知育アプリなどそこそこに、いつの間にかYouTubeの沼地にはまり込んで、いつまでもそこから抜け出せない子供たちの姿だった。

いや、抜け出せないのは子供だけではない。むしろ、YouTubeに依存しているのは、親のほうである。子供たちがYouTubeを見ているあいだは、親は育児から解放される。この解放感には抗しがたい力があり、ついつい子供にYouTubeを見せてしまう。「三十分だけ」とか「一時間だけ」とか、時間を決めて使っていた時期もあったが、そのルールもいつしか失われ、下手をすると家にいるあいだずっとYouTubeをつけっぱなし。私が法事などを終えて帰ってきても、子供たちはiPadに釘づけで挨拶をしようともしない。さすがにイラッとして、「YouTubeばっかりはよくないよ」と注意したら、「じゃあ、あなたが子供と遊んでやってね」と背後から妻の冷ややかな声が響く。

私も、疲れた体を押してでも幼い子供と遊んでやるべきだと頭では理解しながら、YouTubeに子供を任せてホッと一息つきたいという欲望に、しょっちゅう打ち破られた。白旗をあげてしまうと、あとは楽なものである。YouTubeの音が家庭ににぎやかに響き、一日がおだやかに過ぎていく。現代では、「子はかすがい」ではなく、「iPadはかすがい」なのである。

しかし、こんなルーズな生活習慣を続けていたら、子供はどんな風に成長していくだろうか。いい未来は見えなかった。「またYouTubeばっかり見て！」と子供を責めて改善をうながしたが、大人でさえYouTubeを見始めたら関連動画をたどっていくらでも時間を溶かすのに、小学校低学年や幼稚園の子供が、時間を決めてYouTubeを見るなどどうしても無理な話である。

いっそ取り上げようと決めた。

何度も修行生活に入っている私は、人間というのは環境が変わっても順応して生活できることを知っている。要らないものを断捨離すれば、やがて心が穏やかになることを知っている。

「今まで十分YouTube見たからしばらく見んでもええやろ」と告げた。

子供たちは「友達はみんな見てるのに……」と悲しそうだったが、譲らなかった。ついでにテレビやゲームの時間も極力減らし、親子が会話する時間を増やした。そして、寝不足にならないように、決まった時間に寝て、決まった時間に起きるように心掛けた。生活のリズムを整えていくことが、娘の不登校を解消するためのいちばんの薬にちがいない。そう言い聞かせながら、一日一日を過ごしていった。

3.「料理」という最大の関門

新米シングルファザーの難関

もうひとつ、規律正しい生活の柱にすえたのが、食事だった。

サラリーマン家庭に暮らす人には想像しがたいだろうが、お寺に暮らしていると、仕事と育児がひとりでに両立してしまう。仕事場と家庭が同じ空間にあるからである。

遠くまで電車通勤しているサラリーマンなら、平日は子供が起きる前に出かけ、帰るのは子供が寝静まってからということも珍しくないだろう。しかし、お寺の住職は通勤時間ゼロ分である。朝食も夕食も子供と同じ時間に食べられるし、学校が休みの日は昼食ももちろん一緒である。しかし、それゆえに、子供が幼いうちは仕事になかなか集中できないとも言えるのだが。

せっかく、いつも一緒にご飯を食べられるのだから、この時間を大事にしようと思った。

お寺の中では、ご飯は単に空腹を満たすためのものではない。ひとつの立派な修行である。修行道場に入っている時には、アツアツのご飯が目の前にあっても、すぐに「いただきます！」と箸を手に取ってはならない。食作法《じきさほう》といって、般若心経《はんにゃしんぎょう》を唱えたり、食の恵みへの感謝の言葉を述べたり、ご飯を少しだけ取り分けて他の生き物におすそわけしたりという一連の作法がすべて終わってはじめて、「いただきます」である。しかし、厳寒の日などは、ご飯は容赦なく刻々と冷めていく。すべての作法が終わった時には、もう湯気も立ちのぼらなくなっている。

家庭での食事ではそこまで丁寧に行わないが、心構えは変わらない。

私の子供時代には食卓に家族がそろったら合掌し、「本当に生きんがために今この食をいただきます。与えられたる天地の恵みを感謝いたします」と唱え、さらに「南無阿弥陀仏《なむあみだぶ》」を十回唱えてからようやく「いただきます」であった。

幼き日の私にはこれが退屈で仕方なかった。学校の給食のように「いただきます」だけで、せいぜい十分だと苛々《いらいら》していた。いや、「いただきます」を言わなくても、食事の味は変わらないとさえ思った。

しかし、シングルファザーになった今、修行時代よりも食事の大切さが身に染みてわかった。

家事の中で、洗濯や掃除よりも、圧倒的にプライオリティが高いのが、食事である。食事の時間が遅くなり、空腹に耐えられなくなってくると、子供たちの機嫌が悪くなる。だが、新米のシングルファザーには、毎日定刻に食事を用意するなんて、極めてハードルの高い課題である。子供のご機嫌を取るために、ファストフードやコンビニ弁当を多用して時間に間に合わせることもひとつの選択肢だったかもしれない。でも、私はせっかくなら私が用意した食事を通じて、手を合わせて「いただきます」と唱える意味を、教えたいと思った。

3.「料理」という最大の関門

「外食は月に一回」という約束

そのためには、私がとことん調理に向き合わざるをえない。

学校から帰ってきた子供たちに「遊ぶより先に宿題をやりなさい」と言うならば、親だって、たとえしんどい時でも料理を作るべきである。離婚前は夫婦喧嘩で煮詰まった日などはピザを取ったり外食したりして調理から目を背けることもしょっちゅうだったが、そういう親の背中をもう見せたくはない。だから、心を鬼にして「外食はしない。出前も取らない」と子供たちに宣言した。

「ちゃぶ台を囲む」という古き良き日本の風景のように（お寺もさすがにダイニングテーブルで食事をしているが）、家族三人で食卓を囲み、嫌いなものが出てきても、残さずきちんと食べる。そして、家族で会話をする。これをきっちりと一か月続けたら、「好きなレストランに連れて行ってあげる」と約束した。ご褒美の外食のお店は、私が一切不満を言わないのがルールである。ファストフードでもファミレスでも子供たちのお望みのお店に連れていった。本当は、「お父さんだって一か月我慢したから選ぶ権利がある」と思ったけれど、ぐっとこらえた。この約束事によって、ずいぶん規律のある生活になった。

ただし、お寺らしい突発的な事情で、どうしても夕食が作れない日がある。檀家さんが亡くなった時である。十八時からの通夜であれば、十七時ぐらいから支度して出かけ、読経を終えて帰ってきたら十九時を過ぎる。調理に費やす時間がゴソッと抜けるので、お通夜が入った時ばかりは、帰りがけにマクドナルドのドライブスルーでハッピーセットを買って戻ってきてもよいルールにした。

事情がわからない子供たちは素直なもので、「今日はお通夜が入った」というと、「マックの日だ！」と目をキラキラさせて喜ぶようになった。「こら！　檀家さんが亡くなってるんだぞ」と不謹慎な発言をたしなめたが、まだ身内の死を体験したことのない子供に理解が及ばないのも仕方ない。お通夜で放ったらかしになる時間、寂しさと空腹をこらえて待っていてくれるのだから、二人にとってはささやかな楽しみだと思った。

そのような例外を除けば、外食は月一回だけと決め、他の日は原則として、私が料理を作る。野菜を刻む時間を省略するために、生協が届けてくれる食材セットを使うこともしょっちゅうだが、レトルトや冷凍食品は使わず、必ず自分できちんと火を通して調味するルールにした。そして、キッチンで調理をしている食事前の時間を積極的に活用して、宿題を見たり、子供と他愛ない話をしたりするように努めた。

心を開く、ご飯づくり

世間一般のイメージとしてはお坊さんの食事イコール精進料理がまず浮かぶかもしれないが、マクドナルドが時に夕食に登場すると書いたことからもわかるように、我が家では肉食を禁じているわけではない。海の幸であれ、山の幸であれ、おいしいものをおいしくいただくスタイルをとっている。

修行時代には、私も肉を口にしない精進生活を送っていた。その経験から言うと、食生活が身心に及ぼす影響は思いのほか大きかった。肉を食べなければ、胃腸への負担が少なく、便通もよくなる。心は穏やかに落ち着き、さとりの境地に近づく気がする。しかし、勝負に勝つために「カツ丼」を食べることがよく示すように、野菜よりも肉を食べたほうが闘争心が高まる。私自身、お坊さんとして布教活動に精を出そうとすればするほど、体がどうも肉を欲する感覚がある。

もともと、仏教において肉食を禁止するようになった理由は、動物の命を大切にすることを通じて、生きとし生けるものへの慈愛の念を育むためである。なるほどと思う一方で、植物に命を認めなかった時代のインドだから通用した食習慣であることは否定できない。

日本人にしてみれば植物もやはり命をもって生きている。肉食をひかえて精進生活にしたところで、生きものの命をいただくことで私たちの体が養われていることに変わりはない。そうであれば、フードロスをできるだけ減らし、またご飯を食べた分だけしっかり生きようとつとめることこそ、仏教らしい考え方だと私は理解している。お釈迦さまや初期の仏教徒は、村を訪ねて托鉢《たくはつ》でもらった食事は肉であれ野菜であれ、なんでもおいしくいただいたと言われるが、このスタイルのほうが私の食生活の指標には近しい。

ただ、「お寺らしい食生活」の何たるかなど、子供たちにはどうでもいい。

それよりもはるかに問題なのは、「お父さんの料理の腕」である。

私は、結婚してからの九年間、ずっと妻に料理を任せていた。いちどだけ、体調不良の妻に代わって、娘が幼稚園に持っていくお弁当を担当したことがある。娘には心配をかけるまいと「お父さんだってお弁当ぐらい詰められる」と強がってみせたが、最寄りのコンビニで買ってきたお弁当を、お弁当箱にそのまま詰め込んだだけだった。さすがに娘もあまりの手抜き感に気づき、父親の料理の出来なさ加減に絶句したらしい。

結婚する前のひとり暮らし時代には多少なりとも料理をしていたが、当時の料理などいい加減なものである。自分の時間が欲しかったから、冬場などおでんを土鍋で作って一週間ぐらい食べ続ける生活。炒め物などは、栄養バランスを考えるよりガンガンにスパイスを入れて好みの味付けにしていた。子供が好きなお子様ランチ的なメニューとはまるで対極である。

だから、娘だけではなく、周囲もふくめてもっとも心配していたのが、「アイツ料理大丈夫か?」ということだった。

もちろん、自分の腕のなさは、自分がいちばん知っている。

食べてもらう相手が大人だったら、少々失敗しても我慢して食べてくれるが、子供は正直である。塩加減に失敗したら「お父さん、辛い！　食べられない！」と容赦なく言われ、一瞬でゲームオーバーになる。

でも、私には勝算があった。

別れた妻は、一日中でもキッチンに立っていられるぐらい料理が好きだった。求道者のように美味しいご飯を絶えず追求していた。幼稚園の運動会の時にはその熱が高じて、パエリア鍋でパエリアを作りタクシーでその鍋ごと持ち込み、ランチ会場が異様な空気に包まれたこともあった。お堂の屋根を葺き換えるための分厚い瓦を見た時も、「お肉が美味しく焼けそうね」と喜んでいたほどだ。

私には、料理に対するそれほどの熱量もなければ腕もない。費やせる時間も限られている。

絶体絶命にも見える状況だが、「自分の好み」を捨てて「子供の好み」に合わせようとすれば、なんとかなるように思われた。まさしく、「自我」を捨てて、「無我」の世界を生きる仏教らしい子育てである。

私は、お子様ランチを真似たご飯を作ることにした。子供の目が輝いた。狙い通りである。夕食は、唐揚げ、ハンバーグ、グラタン、オムライス、カレー。私の好みからすればカレーは辛口にしたいし、特売の鶏肉の唐揚げばっかりではなくてたまには地鶏の塩焼きも食べたかったが、子供たちに食事への安心感を持ってもらうのが先決である。カレーは躊躇なく甘口にしたし、鶏肉も繰り返し唐揚げにした。

しばらくすると、朝、学校に行く前に、「お父さん、今日の晩御飯なに?」と聞いてくるようになった。私の料理の腕への信頼を勝ち取った瞬間であった。

4. お寺は「ブラック企業」なのか？

子供に離婚を打ち明ける恐怖

規律ある落ち着いた生活を心がけてしばらくすると、子供たちの淀んでいた心は嘘のように元気を取り戻した。ちょうど台風が吹き荒れている時は濁っている川の水も、過ぎ去ればやがて清らかに澄み渡るようにである。仏典の中で、人間の心は本来清らかである（「自性清浄心《じしょうしょうじょうしん》」）と説かれてきたことが、なるほどと腑に落ちた。

私がたいして急かさなくても、娘は集団登校に間に合うように朝の準備を終え、学校に出かけていくようになった。これには心底ホッとした。正しい努力はやはり実を結ぶのである。

「今日も学校に行けなかった」が積み重なっていく後ろめたい日々を抜け出した娘の表情は、目に見えて明るくなった。「今日も学校に行けた」と胸を張れるようになり、「休まずに学校に行く」ことを目標として口にするようになった。

しかし、まだモヤモヤしたものが、私のなかにはあった。

離婚したという事実を、まだ子供たちに伝えていなかったのだ。伝えたら、それを子供たちはどう受け止めるだろうかと、ずいぶん思い悩んだ。せっかくリズムをつかみはじめた子供たちの生活を乱してしまうのが怖かった。

まだ幼稚園児の息子は離婚を伝えてもポカーンと聞いているだけだろうが、小学二年生の娘ぐらいになると離婚という言葉を聞いて知っている。クラスの友達のなかにはひとり親家庭の子もいたり、その子の名字が今度変わるらしいという話も耳にしたりしている。

そうであれば、離婚への耐性ができているとも考えられるのだが、ひとり親家庭の友達がいたとしても、基本的にお母さんと一緒に住んでいる。お父さんと暮らしている家はない。もし娘に「みんなお母さんと住んでるよ」「私だってお母さんと暮らしたい」と泣きつかれたら、どう答えればいいのだろうか。

幼い子供にとって、お母さんはかけがえのない存在だ。これはシングルファザーの前に立ちはだかる最大の壁だと思う。

離婚前、母と娘で激しい喧嘩を繰り広げたあとで、娘をフォローする意味で「お母さんよりもお父さんのほうが好きやろ？」と試すように聞いてみたことがある。私は「お父さんのほうが好き」と言ってくれると信じていたが、娘は悩みながらも「うーん……やっぱりお母さんかなぁ」と答えた。私は、すっかり意気消沈した。

世間では、男女平等が声高に叫ばれている。職場での仕事だって、家庭での育児や家事だって、男性と女性が互いに助け合いながら暮らしていくのが、まっとうな姿だとされている。しかし、それでも幼い子供はお母さんが好きである。

やはり、母子間の愛情というのは、どこか絶対的である。父親では補えない圧倒的な何かを感じる。おそらくは、どんなに正当な理由で子供を引き取っていても、世の中のシングルファザーの多くが感じていることだろうと思う。

いや、「お母さんと暮らしたい」と泣きつかれるぐらいならまだ良いのかもしれない。もっと最悪のシナリオも想定した。

「お父さんとお母さんが離婚したのは、私が学校行かなかったせいだ」

「お母さんと暮らせないのは、私がいい子にできなかったせいだ」

と、大好きなお母さんと離れ離れになった責任を娘自身が抱え込んで、後悔の念にさいなまれることも想像できた。そうなると、娘は心に深い傷を抱えて生きていくことになる。

さんざん自問自答した果てに、しばらくのあいだ離婚の事実は伏せておくのが、選択肢としてベストだろうと思った。離婚なのか別居なのかはうやむやにしたまま、「しばらく別々に住むことになった」と伝え、「ときどき会いに行こうね」と安心させた。

離婚したら夫婦間の関係は解消されるけれど、離婚しようが別居しようが、子供にとって母親はいつまでも変わらず母親である。だから、夫婦仲がうまくいかなくなっても、子供の健全な成長のためには、定期的に親子を会わせてあげるべきである――と、世間一般には理解されている。日本では、離婚する時に父親か母親かどちらかが親権を持つという「単独親権」を定めているが、国際的にみれば離婚後の「共同親権」が主流であり、日本も「共同親権」を認める方向に議論が不十分のまま進んでいる印象だ（二〇二四年五月、共同親権の導入を盛り込んだ民法改正案が参議院で可決）。

私も、どちらが親権を持つかで争うのは無意味で、それよりはできるだけ会わせてやり、元妻の気持ちも子育てに活かしてあげるのが、子供のメンタルを守るために最善の方法だろうと離婚した時点では思っていた。しかし、この時はまだシングルファザーにとって、母親と子供の交流の時間がどれだけ重たいか知らなかった。

お寺の経済事情

さて、ひとり親家庭の親が子育てと同じぐらい悩むのが、仕事面だろう。

子育てには、お金がかかる。食費や習い事の月謝だけではない。子供用の服や靴は大きめのものを買っておけば翌年までは持つが、その次の年にはサイズアウトする。傘はしょっちゅう壊したり、置き忘れたりして帰ってくるから頻繁に買い替えることになる。財布のお金はボロボロボロボロ出ていく。

それでも、不自由な思いをさせたくない。そのためには仕事のクオリティを極力キープして稼がなければいけない。でも、子育てに体力も時間も奪われるのに、離婚前と同じクオリティで仕事をするのは途方もなく難しいのである。

お寺での暮らしは、一般家庭と比べて金銭的には恵まれている。

「お坊さんは税金を払わなくていい」とよく誤解されているが、お寺からいただく毎月の給料に対しては、お坊さんもやはり所得税や住民税の納税義務がある。ただし、住職とは、その言葉が示す通り、お寺に住み込んで維持管理に尽くすのが職務だから、家賃がかからない。

これはシングルファザーとして生計を立てていくうえで、大きなアドバンテージだった。食費も、檀家さんが畑でとれた野菜をたくさんくださったりするし、果物やジュースなどは、仏さまへのお供えのおさがりをいただけるから、だいぶ節約できる。だから、贅沢しなければ、金銭面はやりくりできるだろうと予想していた。

お寺には休日がない

果たして、ひとり親家庭において、子育てと仕事の両立は可能なのだろうか——。手がかりを求めてさんざんネット上をさまよった。似たような境遇で、子育てと仕事を両立させている人がいれば、自分だってやれそうな気がしてくるはずである。しかし、他のシングルファザーの体験談を読んでも、どうも最後のところで参考にならない。お寺の住職というのは、サラリーマンの生活スタイルとはかけはなれているからである。

せっかくなので、お寺の生活がいかに特殊なのかを書いておきたい。

一番わかりやすい違いは、「休日がない」ことだろう。

離婚前、お寺の住み心地の悪さに対して、妻は「ブラック企業だ」としきりにため息をついていた。「そこまで言わなくても……」と思ったが、一理あるのも事実だった。

会社勤めの人たちに比べ、お寺の時間はゆるやかに流れていく。お彼岸やお盆などの「繁忙期」は檀家さんがこぞってお寺に来られるので、朝から晩までずっとその対応に追われることになるが、特に大きな法要などのない時期はわりと暇である。でも、だからといって気を抜いてダラッとできる日は、一日たりとも存在しない。

どんな二日酔いの朝でも、起きたら作務衣《さむえ》に着替えて決まった時間に山門を開け、本堂で勤行《ごんぎょう》をするところから一日が始まる。これはもう三百六十五日を通じて変わらない。住職になって以降、私服を着る機会もほとんどなくて、Tシャツとジーパンでふらっと出かけるのは家族旅行の時ぐらいである。

サラリーマン家庭なら、週末を「おうちでゴロゴロ」して過ごすという魅惑の選択肢があるらしいが、お寺の週末は法事の受入れでピリピリしている。定休日がないどころか、観光寺院と違って街中のお寺は開店時間や閉店時間も決まっていない。世間が長期休暇に入るお盆や正月は繁忙期のピークで、寝正月など夢のはるかまた夢である。

だから、「ブラック企業だ」と言われれば一理あるのだが、妻にそう言われると私も立つ瀬がない。なにせ私は、テレビや新聞などの取材に対して「お寺を社会に開きたい」と言ってきた人間だ。

妻には、「毎朝、お寺の門を開けて、地域の人々の心の扉を開くのだ」「本堂から読経の声や木魚の音を響かせれば、通りがかった人は心に凛としたものを抱く」と言い返し、「こんなに社会の役に立てる仕事はまったくホワイトではないか」とあらがった。でも、お寺の生活の背景にある意味をいくら説明しても、妻は納得してくれなかった。どんな美しいエピソードも、お寺のなかに住んで自分事として引き受ける身になれば綺麗ごとでは済まないという風だった。

お寺には、プライベートがない

もうひとつ、サラリーマン家庭とお寺との大きな違いは「プライベートが存在しない」ことである。

お寺は住職一家の所有物ではない。檀家さんたちの寄付によって建立され維持されてきた「みんなの家」であり、住職は住み込みでそこを管理しているにすぎない。

「みんなの家」だから、檀家さんは近所のカフェやスナック感覚でふらっと訪ねてくる。住職は読経にでかけていたりすることも多いため、檀家さんと話すのはたいてい留守を預かる奥さんのつとめになる。

でも、奥さんだってお寺にいてダラダラ寝転んでテレビを見ているわけではなく、ほとんどの時間は料理や掃除など家事をしている。ファミリーマンションと違って、広い本堂や庫裏は掃除機をかけるだけでも一仕事である。

しかも、頻繁に来客や電話が入ってくる。住職が帰ってくるまでにご飯の支度をしておくつもりでも、檀家さんの声がすれば直ちに火を止めなければいけない。あと少しで洗濯物を干し終わるところでも、中断して玄関口へ向かわなければいけない。そして、ニコニコと世間話に興じる。話はいつ終わるかわからない。何げなく「お変わりないですか?」と聞くと、「実はガンを患って……」と打ち明けられ、重たい悩みをひとしきり聞くこともある。帰って行かれた時には鍋はもう冷めている。再び火にかけ、冷めた鍋を温める。干し切れなかった洗濯物のもとへと向かう。しかしまた、次の檀家さんがやってくる。すぐに終わるはずの家事がいつまでも終わらず、やりきれない思いだけが増幅していく。

もしそんなタイミングで私が帰宅しようものなら、飛んで火に入る夏の虫である。待ち受けるのは「おかえりなさい」という言葉よりも先に、「私だって自由な時間がほしい」という不満である。私からすれば、「みんなの家」に住まわせてもらっている分、家賃も要らないのだから多少我慢したらいいと思うが、そう前向きにとらえられるのは私がお寺の生活に慣れているからに他ならない。サラリーマン家庭で育った妻が戸惑う気持ちもよくわかった。

5. 子育ては障害物競走

朝七時の訃報

このようなお寺のライフスタイルは、本当に生きにくいものなのか。

意外に思われるだろうが、これほど休日やプライベートが欠如していても、私の肌感覚としては「ブラック」どころか完璧に「ホワイト」であった。

なぜかというと、子供時代に見ていた父親の僧侶としての生き様のほうが、比べものにならないほどブラックだったからである。

携帯電話が普及する前、父は必ず固定電話機のそばで寝ていた。いつ訪れるともわからない檀家さんの訃報を、確実に受け取るためである。実際、檀家さんは、深夜一時や二時でも、朝方の五時でも電話をかけてきた。今なら留守電機能もあれば、着信履歴も残るが、黒電話には通話する以外の機能がない。眠りが深くて受話器を取れなければ、もう一度電話が鳴るまで、誰がどんな用件でかけてきたのかを知るすべがない。

私の父は、住職としての責任感と、私たち家族を起こさないようにという気遣いからだろう、ワンコールかツーコールぐらいですぐに飛び起きて受話器を取っていた。そして、ひととおり話を聞いたら、どんなに疲れているはずの夜でも、ガサゴソと法衣に着替えて読経しにでかけていった。何を手伝うこともできない私は、布団に息をひそめてピリッとした空気を受け止めているだけだった。

それがスマートフォンの普及によって、どう変わったか。

時間にかまわず深夜でも届く通知は、檀家さんの訃報よりはるかにどうでもいい、友達からのＬＩＮＥなどである。檀家さんの身内が亡くなっても、すぐに住職に知らせようとするケースは少なく、だいたい朝七時ぐらいまで待ってから電話をかけてこられる（逆に言うと朝七時きっかりに鳴る電話はほぼ確実に訃報である）。夜はぐっすり寝られるのはありがたいが、一方で虚しさを禁じ得ない。スマートフォンという文明の利器によって私たちはいつでもどこでもつながれる――そう思いがちだが、二十四時間三百六十五日ずっと檀家さんと深くつながっている感覚は、黒電話時代よりずいぶん希薄になった。

週末ごとの法事も、以前は家族に大きな負担がかかっていた。本堂での読経と墓回向《はかえこう》はせいぜい一時間で終わるが、そのあとの座敷での会食が長かったからである。久しぶりに親族一同が集まりお酒が入ると、ここぞとばかりに陽気なおじさんたちがどんちゃん騒ぎを始める。私の父は宴席が苦手だったが、お寺の住職という立場上、巻き込まれざるをえない。

「お父さん、どうしてるかな」と気がかりでも、私たち家族が宴席に近づいたら「坊ちゃんええところに来た」と拉致されるのがわかりきっている。賑やかに響く声が庫裏のほうまで漏れてくるのを聞きながら、「いつ終わるんだろう」と待ち続けるほかない。「すみません、そろそろ……」と切り出せる空気になるのは、日が暮れそうになってからだった。

今や檀家さんの法事への熱量は明らかに下がった。参列者も少なく、近親者のみでいとなまれることが増えたし、その後お寺で会食があったとしても、一時間程度でお開きになる。飲酒運転も厳罰化されたから、「ワシの酒が飲めんのか」と強要されても「今日車で来てますので……」とあっさり断れるようになった。終始上品なトークが続くのみで、おじさんたちが歌ったり踊ったりする懐かしい光景はもう拝みたくても拝めない。

つくづく味気ない時代になったなぁと思う。

それでももちろん、サラリーマン家庭と比較すれば、絶句するぐらいプライベートが存在しない。妻にとっては、週末でも檀家さんが生活のなかに入ってくることや、オフもオンもなく仕事の電話をずっと受け続けるライフスタイルが異常に映ったにちがいない。私の考え方を尊重し、本人なりに極力合わせようとしたのだろうが、どうしても無理だったのだろう。

障害物競走の日々

お寺の姿が、妻が言っていたようにブラックなのか、私の感じるようにホワイトなのか。夫婦のあいだにできた深い溝は最後まで埋まらなかった。

ふと思い当たったのが、「この世のすべては人間の心によって作られている（一切唯心造《いっさいゆいしんぞう》）」という、子供の頃から何千回と唱えてきた経典の言葉である。

まったくその通りではないか。

同じ生活でも、妻のようにネガティブな心で「ブラック」と思うなら、ネガティブな空気に毒されていく。逆に、私のようにポジティブに「ホワイト」ととらえられたら、まるで気分は楽になる。どちらの受け止め方も、間違いではない。しかし、どんな困難な局面においてさえ、前を向いて生きる心を持つことができればよい未来が開かれる、というのが経典の言葉が示唆するところだろう。

だから私は、「シングルファザー住職」という目の前にある現実を、「なぜ自分だけこんな目に」「お寺の住職やりながら育児もやるなんて無理ゲー」などとネガティブに決めつけるのはやめようと思った。類例がなくてつらい境遇であるが、見方を変えれば、私にしか味わえない唯一無二の体験になる。攻略本のない冒険をもしクリアできれば、自分自身が大きく成長できるし、まわりにも良いインパクトを与えるにちがいない。今まで書いてきたようなお寺という舞台を最大限に活用して、子育てをやりきっていこうと心に決めた。

しかし、そんな風に頭の中で美しい物語を描いては悦に入っていたのは、あくまで机上の話である。いざシングルファザー住職として暮らし始めると、そこに待っていたのは地獄のような日々だった。余裕綽々《よゆうしゃくしゃく》にホワイトだと眺めていたお寺の生活はもう存在しなかった。

朝七時ごろ、起床して、山門を開ける。「ギーッ」という扉板がきしむ音が鳴る。いかにも爽やかなお寺の朝の風景であるが、私の脳内には、山門が開く音とともに、「パンパカパーン!」と障害物競走の開始を告げるファンファーレが高らかに鳴り響く。

普通なら庭の落ち葉を掃き集め——と、気持ちの良いお寺の朝を過ごしたいところだが、そんな悠長なことは許されない。とにかく学校と幼稚園に子供を送り出さないといけない。

山門から玄関へと急いで引き返し、リビングに散らかったおもちゃを飛び越え、子供たちの寝室へと長い廊下を猛スピードでダッシュ。「起きなさい!」と布団をはがして、再び長い廊下をダッシュしてキッチンへ。

朝食の準備をしていても起きてくる気配がなければ、再び寝室へダッシュ。これを繰り返すごとにだんだんイライラが溜まってくる。キッチンから寝室まで数歩で移動できたマンション生活が心底恋しくなった。

先に「食事を規律正しい生活の柱に」と毎食調理に精を出していたかのように書いたのと矛盾するが、離婚したての頃の朝食は、買いだめした菓子パンと野菜ジュースばかりだった。野菜ジュースのペットボトルに記載された「コップ一杯で一日分の野菜」のようなキャッチコピーを救世主のごとく信じ、栄養バランスの整ったまっとうな朝食を出した気になっていたのだから、今振り返るとおかしくて仕方ない。

着替えも食事も終えて、それぞれ小学校と幼稚園に送り出したら、「また散らかしっぱなし……」とぼやきながらキッチンとリビングまわりのお片付け。それが終わったら、ようやくお坊さんらしく庭を掃除し、そして本堂でおつとめする。これで朝の障害物競走の第一関門が終わる。

すでにかなりの疲労感。コーヒーでも飲んで少しゆっくりしたいところだがそんな暇もない。檀家さんの家に読経にでかけたり、本山の知恩院に向かったり、あるいはお寺にいる日には原稿を書いたりと、さらにギアをあげてフル稼働である。

そうこうしているうちに、午後二時過ぎには幼稚園から息子が、三時過ぎには小学校から娘が帰ってくる。庭で遊んだり、自転車の練習のために公園に連れて行ったりすると、あっという間に夕食の時間が迫る。

追い立てられるように、お風呂、洗濯と家事を次々こなしていくと、体力は消耗していく。温かい布団に入って子供を寝かしつけていると自分も寝てしまう。

離婚前は、寝落ちしていたら妻が肩をトントン叩きに来てくれていたが、今はもう誰も眠りを覚ましてくれない。気が付いた時には翌朝の障害物競走のスタート時刻だったりすることもしょっちゅうだった。

これほど極限までタスクが入っていても、緊急の用件が容赦なく割り込んでくる。子供の病気、そして、檀家さんの訃報である。幼稚園児ぐらいだと突発的に発熱することもある。そうすると看病につきっきりになる。檀家さんからの訃報が入れば、かけつけないわけにはいかない。首の皮一枚だけでつながっているようなスリリングな日常。心身ともに片時も休まらない日々だった。

今さらだが、別れた妻に「あなたの気持ちがわかりました」「やっぱりブラックでした」と謝りたくなった。

6. 誰が誰を育ててもいい——頼もしい助っ人たち

最強の助っ人

私は、このスリル満点の日々をテーマパークのアトラクションに常に乗っているぐらいの前向きさで受け止め、住職とシングルファザーを両立できると言い張っていた。両親に頼りたい気持ちもあったが、結婚する時には反対を押し切った私である。離婚して早々から泣きつくなんてみっともなくてできなかった。

しかし、いくら強がってみたところで、気持ちだけではどうにもならないこともある。慣れない育児に私の体は悲鳴をあげていたらしい。離婚から二か月ほど経った頃である。寒い冬にお風呂で温まっていたら、足が妙にかゆくてたまらない。見てみると蕁麻疹《じんましん》ができていた。「そのうち治るだろう……」という淡い期待を抱いていたが、治るどころか日に日に腫れはひどくなり、お腹まで広がっていった。「これは病院に行って薬を処方してもらったほうがいいな」と頭では理解できたが、そもそも病院に行けるような時間の余裕などなかった。いや、周囲に相談すれば、病院に行く時間を作ってくれるとわかっていたが、体が悲鳴をあげていることは周囲に知られたくなかった。いったん弱音を吐き始めたらどこまでも弱くなってしまいそうだし、休養すれば迷惑をかけることになるのも嫌だった。蕁麻疹が増え続けるままに身を任せていた。

そんななか、献身的に助けてくれたのが、母だった。

母は、物心ついた頃から結婚するまでの二十年余りを、ここ龍岸寺で過ごしてきた。結婚して以降も、尼崎市のお寺で住職の父を支えながら、私と妹を育ててきた。

だから、母は、育児家事だけでなく、住職としての仕事にいたるまでのすべてを理解していた。同時に、たいして家事などやってこなかった私がにわかにシングルファザーをやり始めた無謀さについても、私以上に理解していたはずである。このまま放っておいたら、近いうちに倒れてしまうぐらいに思っていただろう。

私が何も頼んでいないのに、母は片道一時間以上の移動に文句ひとつ言うこともなく、毎週手伝いに来ると決めた。むろん、当時六十代後半の母にとって、体力的に楽なことではあるまい。「今週は忙しくないから大丈夫だよ」と気遣っても、右から左へ聞き流して助けに来た。来たら、一泊して丸二日間の育児と家事を引き受けてくれた。

帰った後の冷蔵庫には、ポテトサラダや、だしを取って野菜を煮込んだ保存容器（味噌をとけば味噌汁になる）が残されていた。次に来るまで栄養が不足しないようにという気遣いである。菓子パンと野菜ジュースをテーブルに並べて立派な朝食だと胸を張っていた私とは、家事力はもう天と地の差。もちろん、母が頻繁に家を空けられたのは、父が快く送り出してくれたからでもある。私は結婚以来、両親と距離を置いてきたにもかかわらず、いちばん苦しい時期に支えてくれたことについては感謝してもしきれない。

心のなかにあった両親に対するわだかまりが、消えていった。

「あなたは休んでおきなさい」と私につかの間の休息を与え、ストイックに育児と家事を助け続ける母親の背中を見ながら、親ってありがたいなぁとしみじみ感じた。

今どきは「友達のような親子」が理想的な親子関係だと言われることもあるが、私の両親は「親は敬うべきもの」であり「友達感覚なんてありえない」と主張して譲らなかった。私は「同じ人間なんだから、大人になったら対等でいいじゃないか」と思う時もあったが、絶体絶命のピンチの時にこれだけ助けてもらったら、ぐうの音も出ない。私に代わって育児と家事をひたすら引き受けた母親の背中は、「親は敬うべきもの」と主張してその通り行動するほうが、はるかに覚悟がいることをはっきりと物語っていた。

同時に、親を拝み、先祖を拝むという日本仏教の風習も、どこかしっくりきた。本来、仏教ではブッダを拝むのだが、日本では「先祖教」と揶揄されるほど、ブッダよりも先祖を拝む。お墓や仏壇に手を合わせれば、親が生前にどんなピンチの時にも助けてくれたように、あの世から何かしら見えない力を働かせて私たちを守ってくれる。そのような心情が日本人には脈々と流れている。だから、檀家さんたちは月命日やお盆や年忌など、ことあるごとに私に供養の読経をしてほしいと依頼する。

以前の私は、親の言うことを聞かず平気で喧嘩しながら、一方で、読経のあとの法話では親を拝むことの大切さを懇々と説いていた。跡継ぎとして用意された人生を生きることへの嫌悪感があって親に反発していた事情を差し引いても、ひどいものである。

半年ほど、母は毎週来てくれた。知らないうちに私も育児と家事にだいぶ慣れたのだろう。母はいつしか、帰る前に味噌汁のしたごしらえをしなくなった。「したごしらえしなくなったね」と言ったら、「もうできるでしょう」と返ってきた。さすがである。気が付けば、キッチンにいてお皿を洗ったりする片手間に、だしをとったり具材を刻んだりするのはなんともなくなっていた。なんでも見透かされている。蕁麻疹のことは最後まで母にも言わなかったが、母が安心してくれた頃にはいつしか治まっていた。

「お寺を開く」メリット

助けてくれたのは母だけではない。

たいていの街中のお寺は、住職一家だけで切り盛りしているのに対し、龍岸寺は、檀家以外にも開放してきたことが、まわりまわって私を助けてくれた。

人間は他人とのつながりなくして生きられない。シェアハウスに住む人や、シェアオフィスで働く人が一定数いるのは、賃料を削減したいという理由もあるだろうが、人との出会いに飢えているからという理由も大きいはずである。そうであれば、地域に開かれ人々のつながりを生んできたお寺こそ、シェアされるべきではないか。

ご年配の檀家さんをお寺の行事に半強制的に動員しようとすると不満の嵐に襲われるとしても、若い世代に直接働きかけることができれば正反対の反応があるにちがいない。炊き出しだって、餅つきだって、年末の大掃除だって、かつてのようにワクワク感の中で楽しくできるはずである。だから私は「お寺を開く」と言い続けてきた。本堂や座敷をライブイベントや企画展示の会場としても開放してきた。「本堂でライブをすると畳が傷む」「仏具の扱い方を知らない人に仏具を触らせないほうがいい」などというご意見はなんどもいただいた。もっともなご指摘であるが、お寺が使われないまま寂れていくほうが、畳が傷むことよりはるかに問題である。それに私だって、子供の頃は仏具をたくさん壊して、仏具の扱い方を覚えてきたものである。だから、批判は気にも留めなかった。

やがて思惑どおり、私のところにはお寺に関わりたいと希望する人たちがどんどん集まるようになった。別れた妻にとってみれば、わずかしかないプライベートをさらに脅かす私のたくらみに恐怖を感じ、怒りの炎を燃やしていただろう。

しかし、離婚した今、怒りの炎は消えてなくなり、毎日のようにお寺に通い詰めてくれる人がいる。とにかく猫の手でもなんでも借りたい私にしてみれば、お寺に人がいてくれるだけでありがたいことこの上ない。少しでも子供の世話をしてくれていたら、そのあいだは私が育児から解放されるからである。お寺に来ている人たちをシッターのごとく扱うことに引け目がなくもなかったが、ひとりで育児も家事も仕事も抱え込んで倒れたら、結局まわりに迷惑がかかる。私は、お寺に出入りする人たちにどんどん甘えようとひそかに画策していた。いや、正確に言えば、そこになんとか救いを求められないかとあがいていた。

お寺アイドルも心の支えに

中でも毎週何度も来ていたのが、離婚前年の二〇一六年から四年にわたり、お寺でプロデュースしてきた浄土系アイドルユニットの女性菩薩（「てら＊ぱるむす」）だった。

——と、さらっと書いたが、この一文、情報量が明らかに過剰なので少し整理して説明しておきたい。

浄土系アイドルは、ライブハウスなどで活動するアイドルグループと同じように、歌ったり踊ったりというライブパフォーマンスを届けていた。「お寺でアイドルなんて……」という批判はさんざん浴びたが、「アイドル（idol）」という言葉には偶像の意味が存在する。仏像がそもそもアイドルなのだから、「仏像を祀るお寺でアイドルのプロデュースを手掛けて何が悪いのか」というのが、私の心情であった。

経典に記されるところによると、菩薩は繰り返しこの娑婆《しゃば》世界に生まれ出で、衆生《しゅじょう》を導くために尽力するという。この仏教的な世界観をお寺の本堂で表現する試みに、なんら問題があるはずもない。メンバーの菩薩たちも、観音《かんのん》菩薩や弥勒《みろく》菩薩の化身として一生懸命にお寺文化を勉強し、学んだことを歌詞に盛り込んだり、衣装に取り入れたりもしていた。

ただ、誤解は最後までつきまとった。

私は熱狂的なアイドルオタクだと思われるようになった。実のところは、私はアイドル文化にまったく興味がなく、プロデュース以前にはライブイベントに足を運んだことなどなかった。そうであるにもかかわらず、お寺でのアイドル育成を受け入れたのは、彼女たちなりにお寺文化を表現しようという真摯な態度に心を動かされたからである。

しかし、そのような私の純粋な気持ちは世間には伝わらない。池口個人の趣味だろうと誤解されていた。離婚前には「愛人」「ハーレム」、離婚後には「奥さん探し」と知人からさえ笑われた。

私が思うに、お寺というのは、土地財産への税金を免除されている以上は社会の公器である。その公器のなかに住職一家のプライベートな生活が存在するから、公私の折り合いをつけるのは簡単ではないが、「誤解を招くから」というだけで、若い女性たちが一生懸命に考えて持ってきた提案を断るのは、ありえない話である。

周囲のお寺を見渡せば、「子供がまだ幼いから」「親の介護で手がかかるから」などと家庭内の事情を盾にとって、お寺をプライベートな場として占有することに無自覚だったりするのをよく見かける。そんなことだから「お寺の門はくぐりにくい」という印象を抱かれるし、「檀家離れ」という現象も起こるのである。

さて、アイドルユニットのメンバーたちが練習に来るのは主に平日の夜である。昼間に学校に行けずグズグズ過ごした娘も、夜にアイドルたちが来るのは楽しみにしていた。幼いながらに、れっきとしたアイドルオタクである。彼女たちが練習を重ねるごとにうまくなっていき、オリジナル曲も増えていくという光景は、アイドル文化に興味のない私にも楽しかったから、子供たちには相当な刺激になっていたのだと思う。私が怒った時には、しれっといなくなってアイドルたちのいる部屋に駆け込んでいたりもしたから、心の逃げ場があったのは本当に助かった。

レゲエ和尚、浄土宗の劇団ひとり、芸大生……

母や菩薩アイドル以外にも、お寺の仕事をサポートしてもらうためのスタッフが三人いた。もちろん、この三人にも甘えさせてもらった。

まず期待をしたのは、龍岸寺の先代住職。私の伯父である。

住職を引退しても、お坊さんには定年がなく、声さえしっかり出せれば読経はつとめられる。八十代ぐらいでも「先代さん」「前住さん」として親しまれて第一線で活躍できる。むしろ、お坊さんは年齢を重ねているほうがありがたいと思われているから、せっかく次の世代が住職を譲ってもらっても、長年の功績を鑑みればなかなか引導を渡しにくく、「院政」のような弊害を招きやすいというのも事実である。ともあれ、先代住職と現在の住職（そして時には次の住職も）が手を取り合ってお寺を切り盛りしていく、というのはよくある風景である。

伯父は四十年の長きにわたって住職をつとめた。龍岸寺のことは隅々まで知っているし、七十歳手前で元気なまま私にバトンタッチしたから、体力もあり余っている。可愛い甥が苦境に立たされている今、「よし私の出番だ」と張り切ってお寺の法務を引き受け、陰に陽にサポートしてくれた――という感動的な美談をここに書けたらよかった。

あいにく伯父は、「レゲエ和尚」としてお寺よりもレゲエ界で名を馳せた奇人。住職引退以降は気持ちを切り替えて、余生を謳歌することに全精力を傾けている。お盆やお彼岸などお寺の忙しい時期こそ予定を空けてくれているが、それ以外の期間はほとんど長期の旅行に出かけている。私が「離婚した」と報告した時も、「今まで通り旅行に行ってもなんとかなるやろ」という伯父らしい言葉で想像通りに期待を裏切った。

控えめに言っても呆れたけれど、伯父の気質もわかっているし、もともとは私の身から出た錆でしかない。それでも、伯父はお寺にいる時は子供の相手もしてくれたから、感謝している。子育て経験の乏しい伯父なりに、精一杯やってくれたのだろうと思う。

二人目は、私より一回り年上の浄土宗僧侶、山添真寛《しんかん》さん。滋賀県のお寺に生まれ、大学時代にお坊さんの修行を終えたが、卒業後は劇団に入って芝居の道へと進んだ。四十歳で独立して以降は、全国のお寺、幼稚園、保育園などで人形芝居と紙芝居を上演して回っている。

「ひとりで行って、ひとりで準備して、ひとりで上演して、ひとりで片づける」というスタイルゆえに〝浄土宗の劇団ひとり〟と自称している。取材で公演を訪ねた時にあまりのクオリティの高さに衝撃を受け、これからのお寺づくりに不可欠な人材だと思い、手伝ってもらうようになった。お芝居の上演が週末を中心に年間百公演ほど入っているので、龍岸寺には主に平日に来てもらっている。全国の子供たちの心をつかんできたシンカンさんに、私の子供たちがなつかないはずはない。小学校や幼稚園から帰ってきてシンカンさんが居ると、顔がほころぶ。

平日にお寺にいた伯父とシンカンさんには、幼稚園に迎えに行ってもらったことさえあった。幼稚園の先生たちもおそらく「誰が本当のお父さんだろうか？」と思っていたはずだが、子供たちがすっかりなついている様子を見て、大丈夫だと判断したのだろう。私以外が迎えに行っても、いぶかしむことなく子供を引き渡してくれた。

残るひとりは、お寺で毎年実施しているアートフェスがきっかけとなって知り合った、芸術系大学に通う女子大生。主な出勤日は、大学が休みの土日。「お寺×アート」面でのスキルを期待してスタッフになってもらったが、思いのほかオールラウンドで活躍してくれた。料理の腕は私より抜群によく、法事が立て込んで食事の準備ができない時は、「お願い！」というと、冷蔵庫の食材でうまくまかなってくれる。掃除も丁寧にてきぱきこなし、子供の勉強も見てくれる。子供たちにとっては、お母さん的存在で、後々になって聞いたが、娘はときどき「お母さん」と呼んで困らせていたらしい。

「誰もがみほとけの子」――誰が誰を育ててもいい

通常、離婚して親権を持つというのは、子育ての全責任を自分が負うということを意味する。料理や洗濯などの家事だけでなく、学校行事への参加や習い事の送り迎えに至るまで、すべてに対応していかなければならない。息抜きする時間もなく、会話できる大人も周りにいないと、ストレスがたまってくる。しかし、多くの人々のおかげで運営されているお寺においては、シングルファザーになっても他に親代わりがたくさんいる。私の愚痴だって聞いてもらえる。つくづく贅沢な環境である。嫌味にめげることもなく、多くの人たちとお寺を作ってきたことが実を結んでいると感じた。

とはいえ、両親以外の親代わりがいない社会のほうが、本当は異常なのではないか。十年ほど前、あるお寺を訪ねた時に、年老いたお坊さんが「私はお寺に生まれたわけやないんや」「家が貧しかったからお寺に預けられてな」と、初対面の私に生い立ちをとつとつと語ってくれたことがある。お寺で育ててもらっているうちに、いつしか奥さんをもらってお寺の住職になり、子供夫婦にバトンタッチして今に至るのだという。

かつて、食べていけない家庭の子供は、お寺に預けられた時代があった。戦後、農地改革によってお寺が所有していた農地もその対象となったが、それ以前は経済的にも豊かだったから、お寺は地域の貧しい子供たちの家となり、住職はその親になっていた。現代でいう「赤ちゃんポスト」（お寺に子供を預けるのは生まれて早々の時期には限らないけれど）が、社会インフラとして広くいきわたっていたといえる。にわかには信じがたい子育て環境かもしれないが、そのお坊さんはありふれた話のように語っていたから、似たような境遇の子供がいくらもいたのだろう。

もっとも、「赤ちゃんポスト」の設置に関しては、賛否があるに違いない。「子育てに責任を持てないぐらいなら出産をするな」「きちんと避妊をしなさい」という意見も聞こえてきそうである。しかし、お寺に子供を預けるという選択肢を含め、どうしようもなくなった時の逃げ道が世の中に存在したほうが、心に余裕をもって生きられるはずである。子供にとってみても、生みの親と離れてしまっても、心身ともに立派な大人になれたなら、それが何よりではないか。

かねてから私は、「誰が誰を育ててもいい」ぐらいに鷹揚《おうよう》に考えている。

そう考えるようになったきっかけは、いくつもある。小学生ぐらいの頃、夏休みにお寺で開かれる子供道場（おつとめなどもあるが、炊き出しやバーベキューもしたりするのでサマーキャンプに近い）に参加した時、「誰もがみほとけの子」と習った。両親以外にも自分を見てくれる「親」はいるのだと知って、どこか気が楽になった。成長してからは、「自分と他人の区別は意識が生み出した幻想にすぎない」という仏教で説く無我の思想に触れて、自分の子供も他人の子供も等しく可愛がるべきだと理解するようになった。「ブッダはあらゆる衆生をたったひとりのわが子のように愛おしむ」という経典の言葉もある。

だから、スタッフやらアイドルやらが代わる代わる子供の面倒を見てくれているのを眺めた時、すごくお寺らしい光景が足元に広がっていると実感した。子供ができて初めて親になるのではなく、また、自分の子供が成長したらもう育児が終わるのではなく、身近に縁のある大人が子供に目をかけていくというのは、新しい育児スタイルの提案ではないだろうか。やがて子育てをするだろう若い世代にしてみれば、お寺に来てやむをえず「お父さん・お母さん体験」をしたことが、何かしらプラスになるのではないか。

願わくは、私が忙しい時には代わりの「親」が育ててくれているという世界が、再び珍しいものでなくなってほしい。そして、その世界をいくらかでも近しくするためには、たぐいまれなシングルファザー住職である私が、お寺らしい子育てに精一杯奮闘していくべきなのだろうと、おぼろげながらに直感した。

第二章　シングルファザー住職の「考える育児」

1．お葬式とオネショ――「考える育児」を目指して

「お坊さんらしさ」の対極を生きる

ここまで読んでくださった皆様はおそらくお気づきだろうが、大人になってからの私の生き様は、申し訳ないほどにまったくお坊さんらしくない。

お寺の跡取りとして手塩にかけて育てられた幼少期から、志望通りの有名大学・大学院に進学したぐらいまでは、内面の葛藤はいろいろあったものの、私は優等生らしい生き方をしていた。関西風にいえば「ええところの子」だった。父親はよく「龍法は挫折を経験してないのがよくないなぁ」と嘆いていた。

しかし、その後はもう豹変したかのように、道なき道を進んでいる。

二十四歳、大学院中退。

二十八歳、両親に逆らって結婚。

二十九歳、大きな教団組織の指針とそりが合わずフリーペーパー片手に街へ。

三十七歳、離婚してシングルファザーに。

つくづく、我が身のことながらひどい。「挫折を知らない」という父親の嘆きは間違いなく吹き飛ばしただろうが、さらに大きなため息が漏れ聞こえてきそうである。

お寺に生まれ育ち、大学・大学院では仏教学を学び、総本山知恩院に就職し――と、同じくお寺に生まれたお坊さんと比べても珍しいくらい、仏教の空気を存分に吸ってきたにもかかわらず、お坊さんらしい人生の対極を生きている。

幸いにして、多様な生き方が容認される現代だから許されているだけで、私の人生の岐路となったどの決断をとっても、時代が違えば家族親族や世間から大ブーイングを浴び、陰でコソコソ生きる羽目になった可能性をはらんでいる。実際、私はそういう立場に陥る覚悟を抱きながら、ためらうことなく自分の人生に決断をくだしてきた。唯一お坊さんらしいところは、どんな時にも折れない強靭なメンタルを持っていることだろう。

なぜ私の心は折れないのか――。

やはり仏教のある生活は、メンタルを強く育ててくれるのか。

いくつか思い当たる節はある。

学生時代から俗世と離れたところで修行生活を何度も送ってきたから、かけがえないと思っていたものでも、いざ断捨離してしまうと楽に生きられることを知っている。

たとえば、今や私たちの生活にスマートフォンは欠かせないと思われているが、修行にはやはり持ち込めない。道場に入って早々は、いつもなら法衣のたもとに入れているスマートフォンを探ってSNS通知などを確認したい気持ちにしょっちゅう襲われるが、二、三日もすればスマートフォンを意識しなくなる。そこから先にあるのは、スマートフォンに振り回されない、静けさに包まれた穏やかな生活である。

また、お寺で暮らしていると、これから大学受験というシーズンや、家族が命に関わる手術を迎える時には、先祖に手を合わせにお墓参りに来る人がいる。申し訳なさそうに「お墓参りはお願いごとのためにするものじゃないんですけどね」と釈明されるから、間違ったお墓参りだと知りつつ、それでも拝まずにはいられないのだろう。その気持ちは私もすごく共感する。

私だって、本堂での朝勤行《あさごんぎょう》を今までいちばん真剣につとめたのは、父親の手術前だからである。手術当日まで、朝勤行は檀家さんの先祖供養よりも、ひたすら父親の病気平癒を祈る時間だった。世間一般では仏壇のない家庭が当たり前の時代に、私は祈るための空間のなかに住まわせてもらっているのだから、なんと恵まれていることかと知った。

しかし、断捨離して穏やかな生活を過ごすのも、神仏に祈りながら暮らすのも、誤解を恐れずにいうと、現実逃避的であるのは否めない。たとえば本堂にこもって坐禅や念仏をしているあいだは、育児や家事からも解放されてメンタルが調《ととの》うだろう。だが、いざ家庭の生活に戻れば、山積みになっている調理や洗濯などのタスクは、坐禅や念仏で時間をロスした分だけ余計に私の心身を苦しめる。

「考える禅」と「考える育児」

では、私はいかにして仏教を生活の中で用いているのか。

まったくお坊さんらしくないやんちゃな生き方をしながら、お坊さんとして胸を張って生きていられるのはなぜか。

私は仏教を「考える宗教」だと理解していて、「考える禅」を日々実践しているつもりで生きている。

「考える禅」というのは耳慣れない言い方だろうが、たとえば男女間の関係がもつれにもつれた時、「別れようかなぁ」「今の相手とやり直そうかなぁ」と悩んでいる時は気分が晴れない。しかし、「この相手とやり直すのは無理」と考えが整理できた時には、同時に別れを切り出す決心がついているし、その後に待ち受ける新しい生活をスタートさせる覚悟もできている。この心の状態はまさしく「禅」の境地である。

つまり、私が「考える禅」という時、考えて目の前の課題を解決することで、自分自身の心も、そして社会全体をさえも、禅の穏やかな境地で包んでいくことを意味している。これまでも、お坊さんとしての常識にとらわれずに「仏教かくあるべき」を突き詰めて考えることで、仏教界を包んでいた閉塞感を打ち破ってきた。シングルファザーとしても、「考える育児」を心がけていけば、自分自身の心のなかも、家庭の環境も好転していくにちがいないと信じていた。

このような仏教理解は、日本においては珍しいと思う。しかし、仏教が「正しく生きる」ことを説いたのは言うまでもないが、「正しく生きる」ために重んじたのは「考える」ことである。『スッタニパータ』という最初期の経典を読むと、お釈迦さまは人間の「知性」を信頼していたことがうかがえる。

苦しみを知り、また苦しみの生起するもとを知り、また苦しみのすべて残りなく滅びるところを知り、また苦しみの消滅に達する道を知った人々――かれらは、心の解脱《げだつ》を具現し、また智慧の解脱を具現する。（『ブッダのことば』中村元訳、岩波文庫）

このフレーズには、ふたつの学ぶべきポイントがある。

経典の言葉をかいつまんでいえば、「苦しみを知れば、苦しみから解放される」と単純な理屈になる。しかし、「わかっちゃいるけどやめられない」というのが日本的な感覚ではないか。たとえば、お酒が好きな人なら、「お酒を飲んだら次の日がしんどい」「肝臓の数値が悪くなる」とわかっていても、ついお酒に飲まれてしまう。

つまり、お釈迦さまが弟子に語った時の「知る」と、私たちが用いる「知る」の質が違う。私たちは「頭ではわかってるんですけど……」と反省の弁を述べることがあるが、お釈迦さまからすれば「行動が変わらないような薄っぺらい知は、知と呼べない」のである。お釈迦さまは、弟子を教え導く時に人間の知性に大きな希望を見ていた。思考を調えていけば自然と人生の質は変わっていくと信じていた。

そしてもうひとつは、この言葉が語られた時代背景である。すでにいわゆるカースト制度が定着していたインドにあって、生まれた境遇のために人生に悲観的になることを戒めている。出自を嘆いたところで何も生み出さないが、目の前にある苦しみを冷静に見つめて少しずつ解決していけば、人生の質はその分だけ変えられる。

現代の日本は、インドほど階級意識がはっきり成立しているわけではないが、「一億総中流」と言われた頃に比べれば貧富の差が開いていて、所得の少ない家庭に生まれると教育環境に恵まれず、資格の取得やスキルの習得ができないため就職する際に不利になるという「負のスパイラル」を抱えている。子供が親を選べないことを嘆く「親ガチャ」という言葉が二〇二一年の新語・流行語大賞トップ10に選出されるほど普及したのも、階級社会化している状況への不満が広くくすぶっていることの表れにほかならない。

私の今置かれている状況も例外ではない。ひとり親家庭では、子供に寄り添える時間がわずかしかない。十分な教育環境を用意してあげられない可能性も高い。「負のスパイラル」という悲劇は私たち親子にも避けることができないのだろうかと不安に駆られた。

シングルファザーにどんな困難が待ち受けているのかなど、わからないことばかりで考えても解決する糸口すら見えない。それでも経典の言葉が教えてくれた「考えることで現実は変えられる」というお釈迦さまのメッセージは、私を大きく勇気づけてくれた。

葬儀の日のオネショ

もっとも離婚早々の頃は、「考える育児」など実行する余地がなかった。「考える育児」は、考えるだけの時間の余裕があって初めて成立するのであって、現実には「瞬発力」のみで目の前の日常に対処しているだけで、毎日があっという間に過ぎていった。

朝、スマートフォンのアラームがジリジリと鳴る。

幸せな眠りのなかから、意識が日常に戻ってくると、すぐそばで寝息を立てている長男の布団の異変に気付いて愕然とする。

「うわっ、冷たい……」

夢であることを期待して、もういちど布団を触るが、やっぱり冷たい。この感触は間違いなく「アレ」である。長男はまだ六歳になったばかり。年齢を考えれば責めるのはかわいそうなのだが、タイミングの悪いことに、長年お寺のために尽くしてこられた檀家総代の奥さまのお葬式が、午前中に入っている日だった。子供二人との三人暮らしが始まったばかりの頃で、私にとって初めてのオネショ処理。右も左もわからない。

言いようのない怒りがこみ上げる。「なんでお葬式にオネショをかぶせてくるのよ！」とスヤスヤ眠っている息子を全力で問い詰めてみるが、微塵も悪気がない息子は起きる気配すら見せない。幸せそうな寝顔は「なんでお葬式の日ってオネショしたらダメなの？」と逆に質問したそうにも見える。

かくいう私自身も、実のところはただ愚痴をぶつけたいだけで、オネショの理由はわかっている。お葬式が入ると、戒名《かいみょう》を考えたり、白木の位牌《いはい》にその戒名を書いたり、葬儀前日には金襴《きんらん》の袈裟《けさ》を法衣箪笥からゴソゴソ引っ張り出したりと、支度に追われて子供のことまで気が回らない。そうすると、寝る前に「トイレに行ってから寝るのよ」といういつものやり取りをつい怠ってしまう。これが最大の敗因である。

布団にもぐったままスマホを操作し、グーグル先生に対処の仕方を尋ねると、「できるかぎり早めに処置を」「時間が経つにつれ臭いが取れなくなります」というもっとも欲しくない回答が出てくる。私が抱いていた「少しでも長く布団にもぐっていたい……」「お葬式が終わってから対応したい」という願望を、容赦なく打ち砕いていく。

ネット上の情報が的確な対処方法だというのもわかるので、ため息をついている間もなく、子供をたたき起こして布団を引きはがす。敷布団にしみ込んだオネショをタオルなどに吸い取らせ、布団カバーとパジャマを洗濯機に突っ込み、並行して朝ごはんの準備をして小学校と幼稚園に送り出す。

お葬式に出かける頃にはもうぐったり。それでも時間どおりに葬儀場へ到着し、平気な顔をつくろって喪主に挨拶をし、導師席についたら精一杯声を張り上げる。でも、体は正直なもので、いつものように声が響かない。「くそっ……あの忌まわしいオネショさえなければ」というお坊さんらしくない思いが去来するなか、なんとか気力を振り絞って引導をわたす。

葬儀が終われば火葬場に向かう。炉前で読経し、ご遺体を納めた棺が火葬炉に入って扉が閉まると、私のつとめはいったん終了となる。ご遺族が「大変お世話になりました」とかしこまって丁重なお礼を言ってくださるが、私には余韻にひたる余裕はない。一刻も早くお寺に戻り、オネショ処理の続きをやりたい一心であった。

京都市の火葬場の場合、火葬から収骨までおよそ九十分である。収骨が済めば私は再び初七日の読経にうかがうことになるので、のんびりしている時間はない。火葬されているあいだ、私はシングルファザーの顔に戻って、まだ湿っている敷布団や、洗濯機で脱水まで終わった布団カバーとパジャマを乾かす。そうこうしているうちに、電話が鳴り「初七日お願いします」と連絡が入る。再び法衣に着替えて会場に向かう。

シングルファザー住職の生態は、聖と俗をいったりきたりで、何ともシュールである。

2．息子、六歳で読経デビュー

突然の休園をチャンスに

ハプニングに日々足をすくわれながらも、常に元気でいようとはつとめていた。風邪ひとつ引いてはいけないという強迫観念に駆られていた、というほうが正しいかもしれない。おそらくは、多くのひとり親家庭の親が、同じような思いを抱いて暮らしているはずである。前章でお寺にいると親代わりをつとめてくれる大人がたくさんいると書いたが、子育てもそれからお寺の仕事も、メインを担うのはすべて私。その私が倒れれば、すべてのバランスが崩れてしまう。

だが、いくらひとり親家庭が、ギリギリのところでバランスをとって成り立っているといっても、諸行無常のことわりから逃れられることはない。

離婚から一か月も経たない冬の日に、また思いがけない伏兵に襲われた。

長男の通う幼稚園でインフルエンザが大流行し、休園になったのである（幸い、長男は無症状だった）。

手洗いうがいを徹底して自分自身や家族の体調を管理していても、蔓延するインフルエンザまではどうしようもできない。幼稚園からは、感染拡大を防ぐため、極力自宅待機させてくださいとのお達しだった。言いたいことはわかるが、私が檀家参りに出かけるあいだ子供をどうすればいいのか。突然の休園ではスタッフの手配も間に合わない。YouTube に子守を任せれば私が帰るまで不動の姿勢で待っていてくれるかもしれないが、寒い冬の日にストーブをたいた屋内に息子を放置するとなると、リスクゼロとはいえない。最悪のケースが脳裏をよぎる。

いくら考えても、答えが出ない。

でも、私にはこういったピンチをわりと楽しもうとする癖がある。

ピンチというのは、自分自身の思考が生み出した枠組みの中で、苦しんでいるにすぎない。人間は、ピンチの時にこそ必死で考えるし、その殻を破れば成長にもつながる。今の状況に関して言えば、私自身を追い詰めているのは、「檀家参りに六歳の子供は連れていけない」という思い込みである。

「いっそ連れて行ってみようか」と、私は脳内でシミュレーションを始めた。長男はお寺で育ったことに加え、仏教系の幼稚園に通っていたから、手を合わせてお経をあげることにはわりと慣れていた。だが、六歳の子供の緊張感が長く持つはずもない。すぐに退屈して動き回るだろう。そうなると、読経のありがたみが吹き飛んでしまう。

なんとか、じっとさせるすべはないのか。

ふと思い出したのは、息子が「ニンテンドースイッチがほしい」としきりに言っていたことだった。読経へのモチベーションを最後まで保ってもらうために、「百回読経がんばったら買ってあげる」と美味しそうなニンジンをぶら下げた。リビングの壁には、百マスのチェックシートを貼り付け、読経した日付を書き入れるようにした。

子供は単純である。がぜん、やる気が出たらしい。

檀家さんの仏壇前での毎月の読経は、一回あたり十五分程度。大人にとっては大したことない時間だが、子供にとっては決して短くない。かなりの重労働である。飽きてくるとキョロキョロして後ろを振り返ったりもしていたが、最後まで正座をくずさずに辛抱したから、六歳なりに精一杯の背伸びをしたのだと思う。

読経が終われば、あどけない子供の顔にもどる。檀家さんに「坊ちゃん偉いねぇ」と褒めてもらい、ジュースやお菓子を出してもてなしてもらってニンマリ。お寺に戻ったら、壁のシートにチェックして、お目当てのニンテンドースイッチに一歩、近づいていく。自分の力でゴールに近づいていくこの感覚が楽しかったらしい。休園中はもちろん、幼稚園が再開されてからも、お参りに出かける私を見ると目をキラキラさせて「今日も一緒に行きたい」と言うようになった。

三か月ほど過ぎ、小学校に上がった頃に、百マスを見事にコンプリートした。「このスイッチは僕のやからな」「たまには貸してやってもいいけどな」と姉にむかって誇らしげに自慢していた。

百マスが埋まった頃には、浄土宗でよく用いる「四誓偈《しせいげ》」など、日常のおつとめで唱えるお経はすべてそらんじていた。読経の声も大きくなってきた。檀家さんは「偉いねぇ」とますます感心する。私が「頭のなかが空っぽだからすぐ覚えられるんです」と冗談まじりに謙遜すると、子供が冷ややかな視線を寄せてくるのがお決まりの風景だった。

ロープレ的教育

よその家庭でも、「テストで百点取れたらご褒美」とか「お手伝いしてくれたらご褒美」という具合に、ニンジンをぶら下げて努力を促しているという話はよく聞く。しかし、うちほどご褒美までの道のりが険しいところは珍しいのではないか。

一回あたり十五分の読経でも、百回となると二十五時間を要する。しかも、途中で脱落したら一円ももらえない。幼稚園から小学校にあがったばかりの子のキャパシティを明らかに超えたチャレンジである。裏を返せば、大人がだれか常にそばにいないと成立しない。子供は全部自力で頑張ったつもりだが、むしろ努力しているのは私だとひそかに胸を張りたくなる。

それでも、百マスチャレンジというゲームを好んでプレイしてしまうのはなぜかというと、たぶん私が「ロープレ（ロールプレイングゲーム）」のシステムに親しんで育った世代だからである。

私が子供の頃に初めてプレイしたロープレは、ファミコンソフトの「ドラゴンクエスト3」だった。ロープレの主人公は、冒険のはじめはレベル1で戦闘力も弱い。助けてくれる仲間もいない。でも、敵と戦ってちまちま経験値を積んでいくうちにレベルアップして着実に強くなる。旅を続けていくと、仲間も頼もしく成長していく。やがてはラスボスの魔王さえ倒せるようになる。

このロープレのシステムは案外、仏教が語ってきた物語にシンクロする。二十九歳の時に出家したお釈迦さまは、六年間の修行生活の最後に悪魔マーラとの戦いに打ち克ち、さとりを開いたとされる。悪魔マーラというのは、自分の心のなかの煩悩をあらわしたものに他ならない。シングルファザーの育児に追われている私は、疲れている時など悪魔マーラにそそのかされて心は乱れっぱなしであるが、もし打ち克って自分らしくと思うなら生涯かけてメンタルを鍛えるしかない。ロープレ同様、人生も経験値稼ぎをした時間はきっと裏切らない。努力を続けていれば、小さな誘惑には負けない人間に変われるはずである。

そんなわけで、ロープレと仏教から示唆を受けるゆえに、私は子供たちに辛抱強く努力させているが、あまりに忍耐を求めるのは時代の流れに逆行すると感じる時もある。

私が小学生の頃は、忘れ物をしたら怒られた。鉛筆の持ち方も食事のマナーも厳しく指導された。態度が悪ければ、先生から鉄拳が飛ぶのもしょっちゅうだった。しかし、私の子供二人は、忘れ物をしても怒られないし、鉛筆の持ち方も食事のマナーも習ってこない。先生から殴られることもない。なんともヌルいなぁと思う。

もちろん、私は今さら体罰を推奨したいわけではない。

お釈迦さまは、修行生活のあいだに断食行など厳しい苦行を経験したが、自分の身を痛めつけて自己満足を味わっても意味がないと気づき、苦行をあきらめたという。そして、乳がゆを飲んで英気を養い、HP（ヒットポイント）をマックスにまで回復させて、ついに悪魔マーラとの最後の決戦に挑んだ。だから、仏教的にも体罰に価値は見出しにくいが、目標に向かって飽くことなきチャレンジを続ける忍耐は、推奨されるところだろう。

私の子供たちも、レベルが上がって「新しいお経を覚えた」などのスキルアップを繰り返していけば、正しい努力は自分を裏切らないことを身に染みて覚えるだろう。その手ごたえが心に残れば、大きくなった時にためらいなく新しい世界への扉を開き、努力の末にさらにレベルアップを果たすだろう。私は、ロープレと仏教から学んだそのような感覚を、子育てのなかに活かしたいと思っている。

贅沢な職業体験

職業体験といえば、ちびっこ僧侶としてデビューする二年前に、職業体験テーマパーク「キッザニア」に連れて行ったことがある。キッザニアでは、ゲートを入った先のパビリオンで、パン屋さんやパイロットなど、憧れの大人の姿になり切ってお仕事を体験することができる。職業の数は約百種類も用意されている。お仕事をしたら専用通貨「キッゾ」で給料が支払われ、貯めるとキッザニア内のお店で商品が買える。遊びながら社会の仕組みが学べるテーマパークになっている。

私の子供たちも、電車の運転士の格好をしてハンドルを握ってみたり、消防士になって放水してみたり、舞台俳優になってみたりと、日頃知ることのない大人の世界を少しだけ垣間見られて大興奮の時間だったらしい。「また行きたい」と何度もせがまれた。

ただ、いささか虚しさを覚えなくもない。あくまでその日かぎりのバーチャルな体験だからである。帰宅してしまえば思い出以外には何も残らない。それに比べ、住職の長男が檀家参りするという職業体験はリアリティのレベルがまったく違う。檀家さんからの期待が高まれば、かつての私のようにストレスを感じて「俺の人生を勝手に決められてたまるか」と反抗したくなる時もあるだろうが、そこまでを含めて、まっとうな職業体験といえるのではないか。

そんな風に書くと、批判の声が飛んできそうである。「お寺の子供にしかできない贅沢な時間の過ごし方であって、日本の大半を占めるサラリーマン家庭には不可能である」と。だからこそ、「職業体験テーマパークが流行るのだ」と。

しかし、私だって、気楽に子供連れで読経にでかけているわけではない。まだ六歳の未就学児のリアル職業体験を成功させるには、相当に気苦労が絶えない。

最初の頃は「ここなら少々のやんちゃも許してくれるだろう」とシミュレーションを重ねて臨んだ。読経が無事に終わっても、道中のトイレの心配もある。ご年配の男性ひとり暮らしだと、トイレを借りにくかったりもするから、お寺を出る前に最後の一滴まで絞り出しておくように命じるなど、細心の注意も払った。それでも「我慢できない」という事故もあった。

仏壇のなかのお菓子や果物が、ご本尊やご先祖のためのお供え物だということもわからないから、「あ、みかん、大好き！」などと口走ってしまう。想像の斜め上をいく発言に私は血の気が引く。檀家さんは「坊ちゃん、全部持って帰って！」と気を利かせてくれるが、私としては申し訳なくてたまらない。

お布施をいただく時の神妙な空気も、子供には伝わらない。読経してお茶をいただいたら、「ありがとうございました」というお礼の言葉とともに白い封筒が差し出される。それを私が「檀波《だんは》羅《ら》蜜具《みつぐ》足円満《そくえんまん》（お布施の功徳が満ちあふれますように）」と唱えながら恭しく受け取る。檀家参りの中では読経の時と並んで、空気がピリッと引き締まるはずの瞬間なのだが、息子は私がムニャムニャ唱えた言葉でふと閃《ひらめ》いたらしい。

「えんまん」という最後だけを聞き取って、「え？　何まん？　肉まん？　豚まん？」と即座に合いの手を入れる。引き締まった空気がゆるむ。檀家さんは「可愛いわねぇ」という温かいまなざしを送ってくれても、私は内心カッとなっている。玄関を出て二人きりになったら「あのタイミングで肉まんは明らかに関係ないでしょ」「封筒に肉まん入ってるとでも思ったの？」とたしなめたが、私が「肉まん」を連呼するあまり、息子にはかえって「肉まん経」としてインプットされてしまったらしい。私がお布施を受け取るのをニコニコしながら見るようになった。

冷や冷やする出来事がいくら続いても、私は子供を連れて読経に出かけて行った。そうするようになった発端は、インフルエンザによる休園だったが、幼稚園が再開されて以降もまったくやめようと思わなかった。幼稚園や小学校の教室のなかからは見えない世界を見せてやれば、子供にとって大きな刺激になるだろうと信じたからである。

3．小学三年生の娘が料理デビュー

子供が親を育てる

子供と一緒に仕事に出かけることには、もうひとつの大切な意味がある。それは、子供と一緒にいてこそ親が育つ、ということである。

よく言われることだが、女性はお腹に子供を宿した瞬間から母親という意識が強くなる。つわりがあったり、お酒を飲むのを控えたり、マタニティ服を着るようになったり、産休に入るために仕事を引き継いだりと、生活のすべてが生まれてくる赤ちゃん中心になる。赤ちゃん中心の生活を過ごすから、母親としての自覚が芽生える。

男性にはこの時間が存在しない。子供が生まれたのを見てようやく初対面を果たし、父親としての生活がスタートする。親の自覚という点においては、二百八十日ものあいだお腹の中で子供を育んできた母親はすでに、背中が見えないほど先を行っている。

この現実を直視するなら、育休をとって子育てに励むべきなのは、父親のほうだと言えるだろう。子供を背負いながら家事をしたり、おむつが濡れていたら取り替えたり、泣き始めたらあやして寝かしつけるという日々を、一年近くにわたってすべて引き受ければ、ようやく母親の自覚レベルに追いつけることになる。しかし、現実にはそこまで努力する人は珍しい（私自身もそうだったが）から、父親はいつまでも手のかかる「大きな子供」として扱われることになる。

男性の育休の取得率は、年々高まってきているとはいえ、二〇二二年度で一七・一三パーセントにしか達していない。さらに踏み込んで言うなら、「子供が生まれたら保育園に預けて職場復帰」という風潮が強いが、もう少し子供と一緒にいる時間を大切にできるよう、社会全体が歩んでいくべきではないか。私のように、突発的な事情があった時には、仕事場に幼稚園児を連れていくことが許されたら、どんなに育児は気楽になるだろうか。

あまりにも子育てを優先させすぎると会社の業績は一時的に伸び悩むと考える経営者が多いのかもしれないが、長い目で見ればどうか。子育てに積極的に向き合って、「育てる」という感覚を体得することは、会社にとっても案外大切である。上司が部下を育て、同僚同士も育て合うという感覚に直結するからである。「人を育てる」という感覚を大切にする会社の未来はきっと明るい。

ある日、初めて出会う企業の営業担当者が、約束した時間にお寺を訪ねてきた。挨拶も早々に、奥歯にものが挟まったような感じで「お伝えしてなかったんですけど実は三名で参りました。あとの二名も入っていいですか」と言う。あらかじめ聞いていなかったからといって、あとの二人を門前で待たせっぱなしにするなどありえないから、二つ返事で快諾した。それでもまだ申し訳なさそうに、「あの……ひとりは幼い子供なんです」と言う。さすがに多少驚いた。しかし、子供同伴にはそうせざるをえない事情があるのだろうし、同じく子連れでお参りに行っている私が断るのもおかしな話である。「もちろん大丈夫ですよ」と平静を装って答えたら、ようやく安堵した表情を見せ、門前で待つお母さんと子供を呼びに行った。

子供は思いのほか幼く、生後十一か月だった。打合せの間ずっと、お母さんは抱っこひもで子供をおんぶしていた。ぐずったり多少泣いた時もあったから、背中の子供を気にかけながらのプレゼンはきっとハードだったと思う。でも、打合せに大きな影響が出ることはなかった。

プレゼンを聞きながらふと思った。

私の子供はもう幼稚園の年長だから、一緒に訪ねていく先々で見る風景から刺激をもらうだろう。しかし、目の前にいる赤ちゃんは、今お寺でお母さんが一生懸命にプレゼンしている姿をまったく理解できない。記憶にもまったく残らない。では、赤ちゃんがお母さんと一緒にいる意味はないのか。泣き声でプレゼンに合いの手を入れて邪魔をするだけなら、保育園に預けてしまうのが正義なのか。

たとえ赤ちゃんが今の時間をすべて忘れてしまったとしても、視点を変えてお母さんにとってみたらどうだろうか。温もりを背中に感じながら、いつぐずり始めるかわからない不安を感じながら、それでもなんとかプレゼンを成功させようと必死になったことは、強烈に記憶に残る。むしろそういう時間の積み重ねこそが、親を親らしくさせるはずである。

お料理百食チャレンジ

さて、檀家さんにちやほやされて得意げになっているちびっこ僧侶にジェラシーを覚えたのが、小学三年生になった娘である。「ズルい。私だってご褒美ほしい」としきりにせがんでくる。「チャレンジしてみる？」と聞くと「うん」と頷く。さて、何に挑んでもらうか。娘と一緒に読経に出かけてもいいのだが、ご年配の檀家さんは「世継ぎは男の子」と勝手に決めている。息子同伴のほうが「お寺の将来も安泰だ」と喜んでくれる。家父長制の強く残るお寺社会には、「ジェンダーフリー」の風は吹き込まないらしい。

悩んだ末に娘に課したテーマは料理であった。そう、うまくすれば、シンパパ育児に毎日襲い掛かる最大のタスクを軽くできるだろうという下心を抱いたのである。「じゃあ、お料理お願いしていい？」とミッションを出してみると、目をすごく輝かせて「やりたい」という。どうやら、料理が好きだったお母さんのイメージが心に強く残っているらしい。「お母さんはハンバーグとかオムライスとか作らなかったじゃん」「お父さんのご飯のほうがおいしいって言ってたのに」と思わず愚痴がこぼれそうになったが、グッと我慢。何げないやりとりの中で母親への愛が透けて見える時、シングルファザーの心はザクザクえぐられるが、娘が意欲に満ちているのだから、前向きにとらえるしかない。

ご褒美に到達するまでの条件は姉と弟でそろえないといけないので、「百食作ったらおもちゃ」と決まった。壁の「お参り百回チャレンジ」のチェックシートの隣に、新しいシートがもうひとつ貼り付けられた。

かくして、ちびっこシェフを目指す道のりが始まった。

まずは毎週生協が届けてくれる食材セットを、添えられたレシピ通りに作ってもらうところから。レシピはもう読める年齢だが、「中火で炒める」と書かれていても、「中火」がどの程度の火力なのかはわからない。「野菜に火が通ったら」という指示も、うっかりすると焦がしそうになる。私は、隣で先輩シェフ（といってもわずか数か月の先輩だが）の風を吹かせ、偉そうな口ぶりで指導しながら、もう一品作ったり、洗い物をしたりする。ひとりでの調理より意外とはかどるし、何より一緒に作っている感覚にほっこりする。

書店でふと『10歳からのお料理教室』という子供向けのレシピ本を見かけたので、「まだ八歳だけど大丈夫かなぁ」と不安に思いながらも購入すると、さらに背伸びする感覚が楽しかったらしい。「フレンチトースト作ってみたい」「今日はほうれん草のソテーね」と、メニューをどんどん提案するようになった。

娘にも、家族の役に立てるという自信が芽生えてきたのかもしれない。ある日のこと、私がお葬式の読経で疲れ果て、「ちょっと休ませて」と横になったら深い眠りに落ちてしまった。二十分か三十分で起きるはずが、きっと二、三時間寝ていたのだろう。ふと私の耳元に響いたのは、「お父さん、晩御飯食べたい」という甘えた声ではなく、「オムライス作ろうと思って野菜刻んでおいたけど、炒めるのこわいからあとはお願い」という大人びた言葉だった。夕食の支度の時間を過ぎても起きてこない異変に、娘も「何か私にできることをしなきゃ」と思ったのだろう。一気に疲れが吹き飛び、キッチンに向かった。

自分の子供時代は、母と祖母が一緒にご飯を作っていたから、私がキッチンに出る幕はなかった。お参りに一緒に連れて行ってもらったのも、じっと正座もできれば経本もすらすら読める小学二年か三年になってからだった。そう思えば、ひとり親家庭という子育てに手が回らない過酷な環境は、悪いことばかりをもたらすのではない。かえって子供がたくましく成長することもあるのである。

4. シングルファザー住職の過酷な夏休み

お盆の珍道中

家族三人が少しずつスキルアップを重ねること数か月が経ち、ついに夏が来た。夏のお寺はハイシーズン。お盆の読経で忙しさを極めるからである。

お盆というと、八月十三日から十六日というのがイメージかもしれないが、それはあくまで世間一般の話。お寺の中では八月に入ったらもうお盆の檀家参りがキックオフになる。

まずはお寺のある京都から数十キロ離れた奈良や兵庫の檀家さん（かつてお寺周辺に住んでいて境内にお墓があると遠くに引っ越されても付き合いが残る）を訪ねる。遠方が済むと、徒歩圏内に住む檀家さんを訪ねていく。年々厳しさを増す夏の暑さのなか、「お坊さんって肉体労働者なのか」と思わずにいられない体力勝負の消耗戦が、半月にわたって繰り広げられる。

そこへきて、育児がもっとも過酷を極めるのも、夏休みである。お盆の忙しい時期に三食すべて用意しなければいけないのは、これまでとは異次元の戦いである。しかも、ありがたいことに「夏休みの自由研究」という親子共同体験型の宿題まで提供される。子供と一緒に工夫して知恵を出し合って物づくりをさせるところにこそ学校側の狙いがあるのだろうが、シングルファザーの私にしてみれば余計なお世話でしかない。恨みでもあるのかとさえ疑いたくなってしまう。

さらに困ったことに、頼みの切り札である私の母も、やはり尼崎のお寺がハイシーズンであるから、頼ることができない（はずなのに三日ほど子供を預かってくれたが）。

万事休す、ゆえにチャンス……と思うしかない。

お盆の檀家参りのスケジュールはタイトで、有名芸能人の手帳なみに分刻みで予定が組まれている。さくさく進めていこうとするならできれば子供連れは避けたいが、そうも言ってはいられない。お盆の過酷さを知らない息子は、なまじっか読経に自信を持つようになっているだけに、「一緒に行く？」と聞くと「行きたい！」と元気な声が返ってきた。ニンテンドースイッチ獲得後、百マスチャレンジは二周目に入っていたから、褒美目当ての下心もある。

念押しのために「軒数多いけど大丈夫?」「半日で十軒とか行くよ」と脅してみたら、「ポイントが大量に稼げる」とかえって夢を見させることになり、「絶対行く!」と嬉々としている。

私と息子が一緒にお参りに出かけていき、留守を預かるスタッフと娘が炊事に精を出す。

息子は、仏壇に向かっている時はずいぶんお坊さんらしくもなったが、読経が終わればやはりあどけない子供の顔に戻る。絶えず時計を気にしている私をよそに、檀家さんが出してくれるジュースをまったりと飲んで極楽気分にひたる。移動中の車内では、カーナビの画面で子供向け番組を見て楽しむ。

檀家さんの家に着いても、たとえば玄関先に蛙が跳んでいたら、「あっ蛙だ!」と走り寄っていく。家の中に入って水槽に金魚が泳いでいたら、もう目が釘付けになる。あろうことか、廊下が少し傾いている家では「お父さん、ここ、傾いてる!」と言ってしまう始末。はじめての読経でガチガチになっていた時よりも、伸び伸び振舞うようになっているから複雑である。

私は最初から最後まで気が抜けず、夏の暑さによる身体の疲労だけでなく、心の奥底まで疲弊したが、ちびっこ僧侶はまるで知る由もない。ご本人は、一気にご褒美の新しいゲームソフトに近づいたから、もうニヤニヤが止まらない。溌剌とした声で一生懸命に読経していると信じている檀家さんに申し訳ないが、「今日何ポイント貯まった？」というのが息子の主たる関心事。まったくコントみたいな珍道中であった。

お盆の読経がすべて終わったら袈裟を脱ぎ、今度は父親に戻って最後の仕事。最後の力をふりしぼってヨドバシカメラのおもちゃコーナーに詣で、ご褒美のおもちゃを手に入れたところでようやく務めが終了。「お父さんだけご褒美がないのっておかしくない？」という私の渾身の主張は、手に入れたばかりの新しいおもちゃに夢中の子供たちにはまるで刺さらなかった。

これがこの先毎年続くのかと思うと複雑だったが、「お盆×夏休み」というお寺にとって一番厳しい時期をサバイブできただけで、大きな自信になった。シングルファザー住職としてやっていけそうな手ごたえを得た。そのことがいちばんのご褒美だった。

嗚呼、夏休み……

ひとり親家庭ゆえの苦しい体験があり、子供たちも私もそれを乗り越えて手ごたえを感じているのは、シンパパ育児のなかに差し込んだひとすじの光であった。しかし、残念ながらこのような幸せな時間が頻繁にやってくるわけではない。ひとり親家庭という事情ゆえに、悲しい思いをさせたことのほうが圧倒的に多かったと思う。

なにせ、時間がない。平日夜、仕事が落ち着いて子供と一緒に団らんするひとときにも、どんどん家事が侵食してくる。「お父さん一緒にゲームやろうよ」と誘われたら、ファミコンで育った世代ゆえについコントローラーをにぎってしまうが、ものの数分もしないうちにやり残した家事のほうが気になって仕方ない。「ちょっとお茶沸かしてくる」「そろそろお洗濯終わるから、干してくるあいだお父さんの分もやっといて」と、片手間にゲームに付き合うのが精いっぱい。週末も午前中は法事があるから、早くてもお昼過ぎからしか出かけられない。しかし、子供向けのレジャー施設はたいてい夕方で営業が終わる。少し遊んだらもう閉園のアナウンスが流れる。

幸い、近所に毎日夜九時まで開いている温水プールがあったことは救いで、退屈そうにしていたら決まってそこに連れ出した。子供たちもいつも行き先が同じことに飽き飽きしていたかもしれないが、「お父さんに無理をさせちゃいけない」とわかっていたのか文句を言うことはなかった。
それでも、子供たちにも絶対に譲れないものがあった。夏休みの家族旅行である。あるとき、私が冗談ぽく「今年も夏の旅行、行かなあかんかな。お盆もあるしなぁ……」とぼやいてみたら、顔つきが一気に変わった。「友達のAちゃんところは二回行くんだって。いいなぁ」「三回行く友達もいるよ」と余計な情報まで提供して容赦なく圧を加えてくる。どうやら、シングルファザーでも、お寺の住職でも、夏休みは旅行に絶対に出かけなければいけないらしい。

家族旅行は消去法

離婚以前から、八月に入ればお盆モード全開になるため、我が家ではもう何年も夏休みの旅行は七月末と決まっている。学校の終業式が終わったあとの数日間のうち、法事のある土日を避けるとなると、消去法で自動的に日程が決まる。「平日のほうがテーマパークも空いている」「ホテルの宿泊費も安い」と喜んで強がってみるのが毎年の光景である。

離婚前なら、繁忙期目前で家族旅行の準備に協力的ではない私に、妻は不満を言いながらも段取りをしてくれたが、シングルファザーは誰にも甘えられない。行き先を決めるのも、宿泊地を決めるのも、すべて私である。あとに控えるお盆の準備にも追われるから、丁寧に調べて前もって旅行ムードを高める余裕などない。しかも、旅行が始まれば、車の運転はすべて私である。「電車移動のほうが楽かも」という選択肢も頭をよぎったが、いつ檀家さんの訃報が入るかわからないから、出発時刻など気にしなくていい車のほうが無難である（家族旅行初日に葬儀が入って出発時刻を遅らせたことも実際にあった）。

私の子供時代の記憶を振り返るなら、夏休みの家族旅行というのは、せっかく時間もお金もかけるのだから、親子そろって日常から抜け出して未知の世界へと踏み出していくドキドキ感があった。しかし、シングルファザー住職だとお盆前にドキドキ感を味わう気にもなれず、無難な選択肢を選んでしまう。離婚後に行った伊勢志摩、南紀白浜、天橋立は、いずれも私が小学生の頃に行った夏旅行の思い出の地である。京都からだと車で片道二～三時間だからひとりで運転しても平気な距離である。逆に言えばあまり遠出した感もない。目にするのもかつて見た懐かしい光景である。これまで生きてきた世界の殻にこもって冒険していない自分に気づく。

離婚前は運転も助け合えたから、二倍の距離を走っても平気で、四国ぐらいまでふらっと出かけられた。子供に見せてやれる景色も、自分が見られる景色も、はるかに豊かだった。

妻との関係がうまくいっていた時期でも、家族旅行のプランなどでは意見が合わないこともあった。人それぞれ価値観が違うから当たり前である。でも、シングルファザーだと価値観の衝突もないかわりに、新しい世界も広がらない。そう思えば、夫婦で子育てしていた頃は、楽だった。子供にもずいぶんいろんな経験をさせてやれてたんだろうという思いがよぎるたびに、切なさを禁じえない。

5. 育児、家事、お寺の仕事——すべてをやり切った一年間

習い事も消去法

習い事も、消去法でしか選んでやれなかった。

子供たちの将来を考えるなら、興味のありそうな習い事をいくらでも試させてやりたいが、幼い子供の習い事には暗黙の前提がある。それは、教室までの付き添いと、保護者の当番である。シングルファザー住職にはこの二つが解決不可能な難題としてのしかかるから、「英会話習いたい」「ダンス習いたい」と相談されても、真っ先に「その教室にはひとりでいけるの?」と条件反射的に聞き返して牽制してしまう。「あ、言い過ぎたか」と思った時にはもう遅い。子供の顔を見ると目に涙が浮かんでいる。その表情を見て、私も同じく悲しい気持ちになる。でも、親同伴でなければ通えないほとんどの習い事は諦めて、消去法で残ったわずかな習い事しか、選びたくても選べない。

離婚する前、子供二人にピアノを教えてくれていた先生の教室は、車で片道十五分のところにあった。私がレッスンに付き添って往復すると、二時間ぐらいかかる。このあいだに、妻は夕食を作って待っていてくれた。だが、離婚した今、レッスンに付き添って悠長に子供のピアノを聞いている余裕はない。あらかじめ夕食の支度を済ませて、レッスンから帰ったらすぐに食べられるようにしておけばいいのだろうが、デビューしたてのシングルファザーには無理な相談である。

ちょうど離婚した頃にピアノの先生が結婚して転居されたので、「もっと習いたかったです」などと別れを惜しみながらも、私は新しい先生を血まなこになってネット検索した。唯一の条件は「出張レッスン可」である。良い先生とめぐりあえたおかげで、ピアノのレッスンを聞きながら、夕食の準備ができるようになった。なんとか首の皮一枚つながったと安堵した。

付き添いだけでなく、保護者の当番も難事である。

小学校にあがった息子は、友達に誘われ、地域の少年野球チームに入りたいと言い出した。ロシアでワールドカップが開催され、テレビなどのメディアはサッカー一色に染まっていた頃だったから、「野球なんてまるで知らないくせに」と可笑しかったが、目をキラキラさせてしきりに習いたいと詰め寄ってくる。「野球習うと保護者当番がいるでしょ?」と聞いたが、「いらないんだって」という。「行き帰りの付き添いは?」と聞いても、「みんなで行くんだって」という。半信半疑だったが、「とりあえず体験で行ってみたら?」と言ってみたものの、内心は穏やかではなかった。

私も子供の頃に少年野球チームに誘われたことはあった。家に帰って母にその話をしたら、「うちは土日は法事で忙しいから無理ね」と光の速さでシャットアウトされた。有無を言わせぬ態度に私は何も言えなかったが、住職になった今ならあの時の母の気持ちがわかる。地域の少年野球チームは、試合などのたびに保護者も行かなければならないが、試合がある週末は檀家さんの法事のために忙しく、お寺を抜けられない。私が少年野球チームをサポートできる余地は明らかに一ミリもなかったのである。

監督に詳しく説明をうかがうと、さまざまな家庭事情を鑑み、本当に親の手伝いを義務としない方針だった。行き帰りも集団で行動。保護者がグラウンドに行くのは、夏の暑い時期の熱中症対策の当番ぐらいである。グラウンドに行って子供たちにスポーツドリンクを配るぐらいなら、法事前のわずかな時間にお寺を抜け出して役目を果たせる。

これぞひとり親家庭に優しい理想的な習い事だと、泣けるほど感動した。

しかし、つかのまの感動だった。

世の中はそんなに甘くできていない。

試合に行けばチームがほとんど負けて帰ってくる。当たり前である。親のサポートなしで、野球がめきめきうまくなるわけがない。試合でも練習でも、親がかけつけたほうが子供も本気になる。平日夕方も、親がキャッチボールの相手をしたり素振りに付き合ったりしてやらなければ、子供がひとりで練習に打ち込むことはない。

子供が上達するために保護者が万全のサポート態勢をとって、試合に勝つ喜びを味わわせてやりたいが、たまに出席する保護者会でそれを提案したら自分の首を自分で絞めることになる。私としては、やらせてあげられる習い事があるだけで満足だと思うよりほかない。

効率ばかりで余裕がない……

容赦なく消去法を使って、シングルファザー住職でも連れていける出かけ先を探り、通わせてあげられる習い事を探っていく。この作業の繰り返しによってなんとか子供たちとの生活の体裁を整えることができた。

ホッとした反面、忸怩《じくじ》たる思いもやはりある。

親が二人ともそろっていても、経済的事情や仕事の都合で、満足に習い事をさせてあげられないのはきっとよくある話だろう。だが、「教室までの送迎不要」「保護者当番なし」という条件検索での絞り込みは、かなりハードである。「もっと強いチームで試合に勝つ喜びを教えてやりたいなぁ」とか、「ダンスとか英会話とか子供のやりたい習い事をさせてやりたいなぁ」とか、親なら抱いて当然の感情をグッと押し殺してなかったことにする。「離婚してごめんなぁ」という気持ちにも目をつむる。これを繰り返すのは、見えないナイフで心を切り裂き続けられるようで、精神衛生上よろしくない。

習い事の選択肢を徹底して絞るだけでなく、時間も効率的に使おうとし続けると、生活の彩りはどんどん失われていく。

沸騰した湯に卵を入れたら、ゆで卵ができあがるまでの十分間に洗濯物を干す。やかんを火にかけたら、お茶が沸くまでの五分ほどのあいだに、法事のしつらえのために本堂に行く。待ち時間にニュースを見たり、SNSのタイムラインを眺めたりしてほっこりしたいという願望を極力抑えて、てきぱきタスクを処理していく。

買い物に出かける時はなんでも揃うショッピングモールにかぎる。服を買うなら大人服も子供服もまとめて選べるユニクロばかり。だが、ユニクロに行っても、子供たちだけでは服を選べないから、一緒に選んであげていると大人服を見るところまで手が回らない。「そういえばパンツに穴が開いていたなぁ」と思い出しても、「誰に見せるわけでもないからいいか」と、気づかなかったことにする。

移動時間も極力節約したい。月参りに出かけた先がスーパーに近ければ、法衣のまま立ち寄る。果物や野菜のコーナーにいる時はあまり気まずくないが、「広告の品」と書かれた安い鶏肉や豚肉をあさっていたり、晩酌用のお酒を選んでいたりする時は「生臭坊主」と笑われていそうな視線を感じる。近所のスーパーは檀家さんも利用しているから、あくせく動き回っているとすれ違ったりもする。

効率的に生活するすべを身につけるのは、育児や家事の基本なのだろうが、さすがにやり過ぎである。いつしか、ちょっと時間があっても、まったり本を読むことができなくなった。ボーッとすることに対して、恐怖感を抱くようになった。

子供たちにも離婚の報告

他にも、離婚して迎えた最初の年には、小さな波乱がいくつもあった。

春からは小学校にあがった息子だが、夫婦仲が険悪だったために、幼稚園の頃に生活習慣をしつけられず、実にルーズだった。私に言われなかったら、歯磨きせずに学校に出かけていく。私が注意しても、洗面所に行って何もせずに戻ってくる。「歯ブラシ濡れてないけど?」とさらに注意したら、翌日は歯ブラシを水で濡らして戻ってくる。毎日注意してもいっこうに直らないと、ついカッとなってしまう。

娘が原因不明の発熱をわずらったこともあった。小児科の先生に診てもらっても治らなかった。不思議なもので、週末になれば治り、平日は発熱する。どうやら母親不在のつらさを、週末に来てくれるスタッフのお姉さんに甘えることで紛らわしていたらしい。そのお姉さんが帰ると、反動で心身のバランスを崩してしまったのだった。

発熱は、ほどなくして治まった。娘なりに、お母さんがいない寂しさに折り合いをつけるたくましさを身につけたのだろうと思う。ひとり親家庭ゆえに味わう過酷さの中で、子供たちも日に日に成長しているのだろう。

かくして、シングルファザー住職デビューした二〇一八年は、なんとか過ぎていった。

私も、一年経つと、やはり自信がつく。朝いきなりオネショ処理のタスクが舞い込んできても、もう臨機応変に対応できる。波乱に満ちた諸行無常の日々を、せっかくなら楽しもうという心の余裕さえ生まれてくる。

最初の年が終わる前に、どうしても果たしておきたいことがあった。

子供たちのメンタルを傷つけないために離婚した事実を伏せてきたが、母親不在の生活をもう不自由なく過ごせている。伝えてももう大きな事故にはならないと思った。

子供たちもだんだん状況を察してきた。「お母さんは帰ってくるの？　このまま離婚しちゃうの？」と、娘はたびたび聞いてくる。「離婚してほしくないなぁ」と言いつつ、望みが薄いことをさすがに理解しているようだった。

明らかにもう潮時である。ちょうど一年が経った年末。腹をくくった。

「お母さんと話して離婚することになったんだ、ごめんね」と謝った。泣きじゃくったらどうしようかと恐れ、即座に「でも会えなくなるわけじゃないから」と精一杯取り繕った。

娘は私が思うよりずっと大人になっていた。今まで生きてきた中でいちばん重たいはずの事実を、サバサバした表情で受け流した。そして、おそらくは私を気遣ってのことだろう。「いいよ。でも新しいお母さんほしい」と言ってくれた。その前向きな一言に救われた。「頑張るよ」と約束した。

それから数日後の大晦日。

お正月に檀家さんを迎える準備がおよそ整ったら、一年間をつつがなく過ごせたことに感謝し、夕方に本堂で最後のおつとめをするのが子供時代からの習慣になっている。幼い頃は苦痛でしかなかったこの習慣も、年齢を重ねるにつれ味わい深く感じるようになっていたが、この年のおつとめは格別だった。本堂に入り、ご本尊に向き合った時、わけもなく涙が頬をつたった。

ああ、ずいぶん背伸びをしていた。

育児、家事、お寺の仕事。すべてをやりきるという無謀な戦い。

経験もなく勝算もないのに、絶対に勝たなければいけない勝負。

背中をいちばん押してくれたのは、本堂のご本尊だったのではないか。毎朝本堂で祈るひとときがなかったら、もっと早くに心が折れていたかもしれない。ご本尊の光の中で暮らさせてもらっていることに、心から感謝した。人生のどん底にいても、見上げれば空があり、光は差し込んでいる。そう気づかせてくれたこの場所を、守っていきたいと思った。

第三章　シングルファザーの孤独

1. 孤独なシングルファザー

シングルファザーへの偏見

本書を読んでくれている人のなかには、これから離婚を考えている人も少なからず含まれているだろう。経験者として忠告しておきたいのは、ひとり親家庭の親は、どこまでも孤独だということである。

どんなに疲れていても、山積みになった洗濯物を洗わなければいけない。子供たちに「ご飯まだ?」と言われれば、キッチンに向かわなければいけない。子供の教育方針も、お金の使い方も、すべて自分で決められるのは自由なのであるが、誰にも相談できずひとりで判断して責任を負い続ける恐怖のほうがはるかに勝る。さらにつらいのは、ひとり親家庭の前提として、子供が成人するまで、私はずっと元気でいなければいけない。このプレッシャーたるや半端ない。

でも、離婚する決断ができず、家庭内不和を抱えたままズルズル過ごしているのは、家族に良い影響を与えない。軌道修正して関係修復ができるならそれに越したことはないが、それが無理なら速やかに離婚したほうがいいと私は思う。家庭内が穏やかであるほうが、子供にとっても良いはずである。

そのために、親が孤独感に襲われながら暮らしていくのはもちろん過酷極まりないが、ひとり親家庭の親を経験すれば、孤独に対する耐性も強くなるだろう。育児も家事も仕事もすべてひとりで抱えるのはしんどいが、ハラハラドキドキのコメディの舞台だと思えば楽しめる。ものは考えようでなんとかなるのである。

ところで、シングルマザーとシングルファザーを比較した場合、どちらが孤独だろうか。

離婚を経験していない人には「どちらも同じだ」と言われそうだし、シングルマザーからは「私たちの気持ちも知らないで勝手なことを」と厳しい眼差しを向けられそうだが、私はシングルファザーのほうが圧倒的に孤独だと主張したい。

なぜシングルファザーのほうが孤独かというと、ジェンダーギャップ指数が相変わらず先進国の中で最下位にある日本では、「会社で働くのが男性」「家で子育てするのは女性」という役割分担についての意識が根強く残っているからである。実際、子供がいる家庭が離婚する場合、男親が親権を持つのは全体の一割だといわれる。つまり、ひとり親家庭というだけでマイノリティなのに、そのマイノリティの中でもさらにマイノリティなのが、「シンパパ家庭」である。極端な言い方をすれば、世の中に「存在しないはずのもの」とみなされているとさえ言っていい。

このような偏見は、社会のいたるところにあって、不意に私の心をえぐってくる。たとえば、ショッピングモールなどに出かけていく。

トイレに行くと、女性用のトイレにはおむつ替え台があるが、男性用には備え付けられていないことがよくある。つまり、おむつを替えるのは母親だという暗黙の前提がある。ショッピングモールの経営者も、さっきすれ違った利用者もみんな、シングルファザーなど眼中にないという気がしてくる。

私の子供たちはもうおむつを離れている年齢だから、おむつ替え台のお世話になることはないが、シングルファザーになってから女性トイレにしかおむつ替え台のサインがないのを見るとドキッとする。もし子供がもっと幼かったらどうしただろうか。洋式便座の蓋の上に押さえつけておむつを交換していたかもしれない。

私は経営者を責めるつもりはない。ショッピングモールのトイレを設計する時に、「シングルファザーにも来てもらいやすいようにしたい」などとマイノリティ中のマイノリティにまで配慮していたら、コストもスペースも負担がかかりすぎるという事情はわかる。今の私が仮に経営者でも、男性用トイレにおむつ替え台を設置することには多少ためらいを感じると思う。

パパ友は皆無……

それから、シングルファザーゆえの悩みが、ママ友とのＬＩＮＥである。

小学校に通っている間は、友達の家に遊びに行くのにも、親同士が連絡を取り合わないといけない。こういう時、連絡役を担当するのは母親と相場が決まっている。だから、私は子供の友達の数だけ、ママ友とＬＩＮＥ交換をすることになる。私のＬＩＮＥはもうママ友だらけである。

ママ友との個別のＬＩＮＥだけでなく、野球チームなどに所属すれば、私は保護者のＬＩＮＥグループに入ることになる。そのほかに地域の保護者のＬＩＮＥグループもあれば、学校のＰＴＡのＬＩＮＥグループもある。

そのＬＩＮＥグループに入っているのは、やはりほとんどが母親である（野球チームは途中から父親も入ることが推奨された）。したがって、ＬＩＮＥグループにいる男性はほぼ私だけであるから、ひとりでに私がシングルファザーであることがバレる。

「池口さんとこ、離婚してお父さんが子供引き取ってるらしいよ」「あらぁ、たいへんねぇ」というママ友間でのささやきが耳元で聞こえるような気がして、離婚して早々の頃は心が痛んだ。

「ママ友とのＬＩＮＥがそんなに嫌なら、パパ友を作ってＬＩＮＥしたらいいのに」と言われそうである。

もっともである。

だが、どういうわけか、小学校の友達の親とのパパ友ＬＩＮＥはほぼ皆無である。

偏見だと言われるかもしれないが、今どき、夫婦共働きが当たり前。乳幼児の頃は母親が中心に子育てしていたとしても、小学校にあがったら、たいていは社会復帰する。パートタイマーではなく、フルタイムで働く人ももちろんいる。それなのに、習い事や学校などの保護者ＬＩＮＥグループに参加するのは、私の経験するかぎり、ほとんどが母親である。

おかしな話ではないか。

仕事で忙しい合間にもLINEグループにメッセージはどんどん届く。遅滞なく返事を送り続けるのは、決して楽なことではない。それなのに、母親ばかりがその作業を担っている。

要するに、世の中の父親は、奥さんにまだまだ甘えているのだろう。仕事は男性が、そして、育児と家事は女性が行うという旧習から、完全には抜け出せていないのだろう。

恥ずかしながら私だって、離婚していなければ、おそらくは妻にすべてを任せていた。

ママ友たちと盛んにLINEを交わす居心地の悪さの中で、相変わらずジェンダーギャップ指数が低い日本の育児の現実を知ることができたのは、貴重な経験であった。

2. 別れた妻との面会

シングルファザーがもっとも困ること

世の中のシングルファザーがどうしても悩むのが、子供たちの「お母さんと会いたい」願望ではないか。私の中でのシングルファザー生活「辛い時間ランキング」の堂々第一位は、子供たちと元妻との面会交流の時間であった。もちろん、別れた相手と会うのが心苦しいのは、シングルファザーもシングルマザーも同じはずだが、シングルファザーのほうがはるかにメンタルが削られるのではないかと思っている。

離婚前、当然のことながら妻は「定期的に子供と会わせてほしい」と言った。うちの場合、娘が小学二年生、息子が幼稚園年長の時に離婚したから、お母さんの顔をしっかり覚えている。特に娘のほうは「次はいつ会えるの？」としょっちゅう聞いてくる。私も、妻とそして何より子供の心情を考えると、「お母さんと子供が会う時間は定期的にあったほうがいい」と思った。ネット上で調べてみても、「離婚しても子供の心を守るために、定期的に会う機会を持ちましょう」と書かれている。それを鵜呑みにして、月に一回ぐらいの頻度で会わせるのがいいかと信じ込み、離婚して一年ぐらいは無理してそれぐらいのペースを保っていた。

会える日が近づいてくると、「今度の週末、お母さんに会えるよ」と伝える。子供たちはその瞬間からウキウキが止まらないのだろうが、正直に言うと、私はその分だけ心がザワザワしてしまう。

「君たちのご飯はお父さんが作ってるんだぞ」「お父さんが居なかったら生きていけないんだぞ」と大声のひとつもあげたくなるが、気持ちよく会わせてあげたいから、大人らしくグッと我慢する。しかし、私のそんな気などまるで知らないで、待ちに待ったその日が来たら、もうお祭り騒ぎである。

食事を一緒にとっている時はずっと「お母さん聞いて！」と学校の友達との他愛ない出来事を一生懸命に話す。習い事の話やら、家族旅行の旅先での話やらも、とにかく話し続ける。日頃お母さんに伝えられないもどかしさが、よほどたまっていたのだろう。一緒に暮らしていた時はうまく折り合いがつかなかった母と娘だけに、娘のほうは自分が頑張っていることを伝えて認めてほしかったのだろうとも思う。

「やっぱりお母さん好きなんだなぁ」と感じるたびに私の心は、ホッとする思いと虚しい思いが相半ばするのだが、月一回、食事をとるだけのわずかな時間だから、ただ楽しく過ごすようにつとめる。かつて家庭円満に暮らしていた時代がひと時ではあるが復元され、家族で囲むテーブルは盛り上がる。

「共同親権」は生易しいことじゃない

盛り上がった分、困るのは、別れ際である。

「お母さん、しばらく会えない……」と、今生の別れであるかのように泣きじゃくる娘。

「またすぐに会えるから、大丈夫だよ」と再会を約束するお母さん。

なんだかドラマのクライマックスのようなワンシーンだが、娘をお母さんから引きはがして連れて帰る私の心労は誰も気にしてくれない。つくづく、シングルファザーは孤独だとため息が出る。

連れて帰ったあとなだめすかして、寝かしつけるのは誰なのか。翌朝、喪失感から抜け出せない子供たちの気持ちを切り替えさせ、学校に行くように仕向けるのは誰なのか。

幸い、娘が翌朝寝込んだりするほどのことはなかったが、小学校低学年ぐらいの子供はちょっとのことで体調を崩したりする。子供が体調を崩して学校を休むと、私の仕事のスケジュールがまるでグチャグチャになる。なだめすかしながら、いつもハラハラドキドキしていた。

会うたびに同じように辛い目に遭い、私は面会交流が必ずしも幸せを生まないことに気づいた。少なくとも私にとっては、ものすごくしんどい時間だった。

離婚しても親子の関係は失われないし、養育費もきちんと払っているのであれば、両親ともに親権を持って教育や財産管理に関わる「共同親権」が理想的な育児のあり方だろう。離婚届を書いた時、親権者をどちらか一方に定めなければいけない決まりに、私は違和感を覚えた。

しかし、面会交流の最後に決まって泣きじゃくった娘のことを考えるなら、別れた夫婦が共同で育児に励むというのは、現実にはそんなに生易しいものではない。

そもそも、夫婦がやむをえず離婚を選ぶ理由は、お金や暴力ということもあるだろうが、主には性格が合わないからだ。生まれも育ちも違う人間どうしであれば、価値観が異なるのが普通だし、子育てに対する考え方もやはり異なる。お互いの関係が良好であればこそ、二つの価値観を掛け合わせて今までにない生活を設計していく困難に、喜びを見出せる。

あいにく夫婦仲が冷え切って離婚してしまえば、この喜びが失われる代わりにしんどさからも解放される——はずが、面会交流などのタイミングでは、子供たちへの「そろそろ塾に通うの？」みたいな何気ない一言にも、元妻の価値観が割り込んでくる。私のほうは生活費を倹約して暮らしていても、たまにしか会えない元妻はプレゼント攻勢をかけて甘やかす。いずれも善意なのはわかるが、フラストレーションがたまる。

お互いの価値観は、どちらが正しくて、どちらが間違っているわけでもない。でも、子育ての現場にいるのが私である以上、「お父さんの考え方が正しい」と割り切ってしまわないと、勉強への向き合い方もお金の使い方もしつけがしにくくなる。お母さんのことは「間違っている」とは言わないが、とことん趣味に没頭していた時代の豪快なエピソードを引き合いに出しつつ、「ちょっと変わった人やからお手本にならん」というぐらいに言い聞かせることにしている。お坊さんの中でも変わり者とされる私が言うのも、滑稽でしかないのだが。

3．住職の哀しい朝寝坊

朝の訃報

さて、「シングルマザーよりシングルファザーのほうが孤独だ」という愚痴の根拠についてさんざん書き綴ってきたが、現実の生活をワンオペで回さなければいけない点においては、およそ違いはない。

私の場合、原稿の締切が間近に迫っている日など特に過酷だった。

子供が寝静まったあとに、疲れた体に鞭を打ってPCに向かわないといけない。昼間のうちに提出できれば編集側もその後の段取りが楽なのだろうが、無理なものは無理である。せめて心配させないように「締切は忘れていません。今晩中に送ります」と一報入れておいて、最後の気力を振り絞ってなんとか書き上げる。ささやかなご褒美にお酒を飲む。一杯だけのつもりが「今日ぐらいいいよね」とつい深酒してしまう。

そうすると、朝が起きられない。

十歳にも満たない子供二人が気を利かせて私を起こしてくれることはほとんど期待できないから、私が起きなければ、一家全滅が確定する。いくら気を付けていても、こういう気のゆるみが年に数回はどうしても起こる。

そんな朝にかぎって、早朝から電話が鳴ったりする。

寝床で「うわぁ……檀家さんの訃報だ」と直感する。私が出なければ電話が鳴りっぱなしなのはわかるが、体がどうしようもなく重たい。

それでも、「この電話に出られなければ住職失格だ」と自分を奮い立たせ、気力を振り絞ってなんとか電話機のところまで行く。受話器を取る前に一呼吸を置き、声がきちんと出るか確認をする。

「アアア……」

二日酔いの寝起きらしい、ガラガラしたかすれ声しか出ない。この声で、受話器の向こう側の悲しみに暮れる遺族と話すのかと思うと泣きたい気持ちになるが、今さらどうしようもないので覚悟を決めて受話器を取る。

精一杯はきはきした発音で「おはようございます。龍岸寺です」と話そうと試みるのだが、やはりいつもの声色からは程遠い。「まだお休みでしたか」と気遣われる。本来なら私が檀家さんの悲しみに寄り添うべきところなのに、「すみません、早くから」とかえって檀家さんから謝られる始末。私は「ついこの前までお元気にされてらっしゃったのに……」「可能な限り丁重にご供養させていただきます……」などと神妙をよそおって話すが、檀家さんには神妙さをよそおった分だけ滑稽に聞こえていたはずである。

空回りを重ねるだけのスベりっぱなしの電話の応対が終わったら、再び布団にもぐってひとしきり泣きたい気分であるが、時計を見ると、お寺の山門を開ける七時はとっくに過ぎている。

山門が閉ざされているということは、住職一家が今日は寝坊していることが、地域全体に知れわたる。「あら、お寺さん、今日はよう寝たはるわ」と通りがかった人に噂されている声が耳元にこだまする。

山門がタイマーで開く自動ドアになればいいのに、と何度も思った。テクノロジーの力をもってすれば、山門の開閉をオートメーション化するのは不可能ではないだろう。お寺の鐘を定刻につくために、タイマー式の「鐘つき機」を導入したお寺も相当数あるらしい。

もちろん、朝から訃報が入るというのはお寺特有の事情であるが、疲れた翌日の朝寝坊はどこの家庭にでもある話だろう。

でも、親が二人いれば、私が起きられなさそうなしんどい朝は、妻が気を利かせて早起きしてくれたりもする。仮に二人そろって寝坊しても、お互いに傷をなめ合い、笑い話にすることができる。しかし、ひとり親家庭であれば、寝坊した責任は誰にもなすりつけられず、すべて自分が負わなければならない。ここに、ひとり親の悲哀がある。ましてや私の場合、早朝から飛び込んでくる訃報や、オートメーションで開かない山門のために、寝坊すればひときわ恥辱にまみれることとなる。

それなのに、である。

子供たちは、ひとり親の孤独感も、私が訃報の電話対応をしていることも知らないで、目覚まし時計が鳴っても一向に起きる気配がない。寝室に向かえば、すやすやと寝息を立てている。

ついカッとなって「あんたたちいつまで寝てんのよ！　学校に間に合わないよ！」

「こっちは朝から檀家さんが亡くなって大変なんだから、自分のことは自分でやりなさい！」とわめき散らす。子供たちは私のあまりの剣幕にびっくりして飛び起きるが、顔を見ると「なぜお父さんはこんなに怒っているんだろう？」とキョトンとしている風で、その表情を見て私は子供たちに八つ当たりしている自分に気づく。お互いに目を合わせてニヤッとする。

こういう時、育児と家事と仕事を全部抱えて空回りしている自分の姿が、なんと滑稽なことかと楽しくなるが、そんな面白さに興じている暇はない。子供は「そんなん知らんやん」という冷ややかな視線を送っているが、私は自分を正当化するために先手を打って「なんでもいいから早くしなさい！」とまくしたてる。「朝ごはん用意しに行くからね！」と言い残してキッチンへと急ぐ。

なんとか三分あれば食べられる朝食はなんだろうと考える。シリアルに牛乳をかけるなども思い浮かぶが、お寺だとお供え物のお下がりの果物が冷蔵庫にあるからありがたい。リンゴは腹持ちもいいから、こういう時の朝食には特にピッタリである。私が本堂のお供えを買う時にリンゴをよく選ぶのは、困った時の朝食に役立たせるためのリスクヘッジだったりもする。あまりにリンゴばっかり供えるから、仏さまには「またか」と飽きられているかもしれないけれど、お釈迦さまの教えにしたがって「考える禅」「考える育児」を果たした結果だということで許してもらうことにしている。

フルーツだけの朝食を囲みながら、子供たちに学校の準備ができているかを尋ねる。

「鉛筆は削った?」

「あ、忘れてた……」

「水筒は見当たらないけど?」

「あ、出してなかった……」

「今日は体操服は要るの?」

「あ、時間割見ないと……」

会話するほどにイライラが募っていく。

「あなたたちね、人がひとり死んでるのよ。昨日まで元気で生きてた人が今日死ぬかもしれない。それが人生なんだから、もうちょっと生きることに真剣になりなさい」などと、説教めいた愚痴を吐きながら水筒を洗い、お茶を入れ直してテーブルに置く。

「お父さん、ありがとう」と申し訳なさそうな声。

「歯磨きして早く出かけなさいよ」と急かしてバタバタッと送り出す。

送り出したあとのテーブルを見ると、せっかく用意した水筒がポツンと残っているのであった。しっかりオチをつけてくれる子供たちに感謝である。

悲しげな水筒とにらめっこしながら、「誰か届けてくれないかなぁ」と思うが、自分が届けるしかないのはわかりきっている。

朝から疲れた体を押してでも「小学校まで届けてあげたいなぁ」という愛おしさはある。でも、「本人の不注意をかばいすぎるのもよくないよなぁ。叱ったことが台無しになるよなぁ」という苛立ちも交錯する。「どっちも正解でどっちも正解じゃないよなぁ」ともだえながら、ひとり親家庭の親は、こんなにも孤独だったのかとため息が出る。

4. 親ひとりで子供を叱る難しさ

怒る時は「一人二役」

私は、子供を怒る時には三つのルールを決めている。

一つ目が、逃げ道を用意することである。娘が学校を休みがちだった小学校低学年の頃、「ちゃんと学校に行きなさい」と怒ったところで、あまり効き目はなかった。自分の子が不登校気味なのは、学習面の不安はあるが、無理にでも登校させるとさらに心が悲鳴をあげる。それよりは不登校の原因（我が家の場合は家庭内不和によるストレスだったわけだが）を解決するほうを、優先すべきである。

二つ目は、目の前の行動を取り締まるよりも、できるかぎり未来を見つめて、「この子がどうなってほしいか」を考えながら怒ることである。人間の性格はすぐに変わるものではないから、怒ったところで同じ過ちは繰り返される。おっちょこちょいの長男がしでかした後述のハプニングの数々には、いつも開いた口がふさがらなかったが、何年か先に改善されればいいと信じて、めげずに長期スパンでじわじわ怒った。

そして、最後は、怒ると決めたら徹底的に怒ることである。ひとりで子供二人を見ていたら、日々怒り散らしてばかりではあるが、そのような日常的な怒りとは別に、ここぞという時には大きな雷を落とす。「親しき中にも礼儀あり」ということわざのように、実の親子であっても仲がいいばかりでは駄目で、きちんと怒るべき時は怒ってけじめをつけるのが、人間関係の基本だと私は考えている。

ひとり親家庭になると、これにもうひとつルールが加わった。厳しく怒りつつ、怒った後のフォローもするという二役を演じることである。これがなかなか難しい。

両親の仲が良ければ、叱りつけ役とフォロー役を阿吽《あうん》の呼吸で分担できるが、ひとり親はこの二役をともに演じなければならない。

私が中学生の時であるが、学校からの帰り道に自転車で走っていると、空き缶を踏んでバランスを崩し、うっかり知らないおじさんに正面衝突してしまった。相手はよろめいた程度で怪我を負っていないはずだったが、どういうわけか名前と電話番号を聞いてきた。私は申し訳なさもあって素直に答えた。

数分後、家に着いたら、異様な雰囲気に包まれていた。家族から「何があったの？怪我は？　大丈夫？」とただならぬ心配をされた。そのおじさんからすでに脅迫めいた電話がかかってきていたのである。私が顛末を話したら、父は相手が何を求めているかを直感したようだった。わけもわからずおろおろする私を置いて、すぐに出かけていった。どうやら、金封とビール一ケースを持っていってひとしきり話を聞き、丸く収めたようだった。

帰ってきた父の顔は、明らかにぐったりしていた。今までに見たことのない顔だった。私のためにしんどい思いをしてくれたんだとはっきりわかった。でも、はっきりわかったからこそ、「お父さん、ありがとう」が気恥ずかしくて言えなかった。間違っていると知りつつ「お疲れさまでした」と言ってしまった。

父はムカッとしていたかもしれないが、何も返事をしなかった。温厚な性格だったからというより、本当に疲れ切っていたからなのだろうと思う。母が間髪入れずに「違うでしょう。ありがとうって言いなさい」とたしなめ、私を助けてくれた。ようやくボソッとだけ「ありがとうございました」と言えた。もし母が怒ってくれなかったら、私も、おそらく父も、しばらく心の中にわだかまりを抱えていただろう。

ひとり親家庭になって早々の私が、両親がしたような役割分担をいきなり一人二役で演じきれるかというと、とても無理であった。

娘が三年生の時だったたと思う。生意気な口をたたいたのを叱って「出て行け！」と家から追い出したところ、強情を張った娘は、私の言葉通り出て行った。すでに薄暗い時間帯だったから私には不安もあったが、あいだに入ってくれる人がいない以上、ここは娘と私の我慢比べである。

「お姉ちゃん帰ってこないねぇ」と寂しがる息子と夕食をとっていたら、近くのセブン－イレブンから電話があった。年端も行かない女の子がたたずんでいるのを、店長が気にかけて保護してくれたらしい。結局、一人二役を演じきれず、知らない店長がフォロー役をかってくれている。私が「すみません、ご迷惑をかけて」と平謝りして迎えに行ったら、娘は「ジュースもらったよ」と喜んでいた。拍子抜けしたが、本当のところはさんざん怖い思いをしたうえでの強がりだったのだろう。

平気で嘘をつく息子

娘に雷を落としたことは、私の記憶ではせいぜい数回である。離婚に至るまでに母娘で揉めて学校に行けないぐらい心に傷を負った分、家の中では伸び伸び過ごしていいんだということを教えたかった。これは、甘やかすことである程度なんとかなるので、楽だった。

手を焼いたのは弟の長男のほうである。言葉でのコミュニケーションができるようになった幼稚園の時期に親からかまってもらえず、YouTubeが遊び相手だったツケは、思いのほか大きかった。

YouTubeが関連動画を次から次へと提案して息子を甘やかすばっかりだった分、私は厳しめにしつけをするようにしたが、のれんに腕押しのように手ごたえがなく、息子は、私に怒られそうになると、平気で嘘をついた。嘘をつくことに抵抗がなかった。良心の呵責《かしゃく》なく、平気で嘘をつける感覚が、私には新鮮だった。

離婚から一年が経ち、二年が経っても、ルーズな生活習慣が直らない。忘れ物は多い。宿題はすぐサボる。バレてもごまかそうとする。「三つ子の魂」が変わらないということわざはなるほど本当なのである。

「僕はお父さんのことが大好きです」

あまりにごまかし癖が抜けないので、私はついに業を煮やした。

長男が小学二年生のある日の夕方、「うちには嘘をつく子はいりません。もう出ていきなさい！」と家から閉め出した。ちょうど、子供たちに『家なき子』を読み聞かせていたタイミングだったから、「入れてもらえる孤児院を探すから待ってなさい」と脅して玄関に鍵をかけた。

そして、外で泣きじゃくっている息子に聞こえるように、電話をかける芝居を打った。

「はじめまして。あの、○○孤児院さんですか」と話し始めると、さっきまで泣きじゃくっていたはずの長男が泣くのをやめ、玄関の扉の摺りガラスごしに耳をつけて一生懸命に聞いている。まったく思うツボで、私はおかしくなってきたが、ここは真剣に演技を続けなければならない。

「すみません、うちの子が嘘をついてばっかりなので、もうそちらで預かってもらいたいんです」と相談するふりをして、向こうからの返事を待っているかのようにしばらく黙る。扉の向こうの長男は、静かに私の次の言葉を待っている。

「ああ、そうですか。今いっぱいですか。月末に空きが出る可能性があるのでしたら、またご相談させていただきます」と残念そうに電話を切った。玄関の向こう側に「あかんかったわぁ。別の孤児院探してみるからな」と語りかけ、さらに脅す。長男が再びせきをきったように泣き始める。

夕食の支度をしなければいけないので、しばらく庭先に長男を放ったらかしにした。

「お父さん、僕はもう嘘をつきません。ご飯も何もいりません。だからなかに入れてください」

泣きながら謝罪を続ける声が、玄関からさらに一部屋向こうのキッチンまで響いてくる。

気になるけれど、お灸をすえないといけないから、聞こえないふりをする。すると、なんとかして反省の気持ちを伝えようと考えたのだろう、渾身の謝罪を叫び始めた。

「あとひとつ、言いたいことがあります。僕はお父さんのことが大好きです」

まさかの愛の告白である。これぱかりはたまらずキッチンで笑ってしまった。

私はもうしばらく閉め出したほうがしつけになると思ったが、「お父さんが大好きです」が近所に繰り返し響くこっぱずかしさに負けて、玄関を開けた。

泣きはらした目をした長男が入ってきた。

「絶対嘘をつかない？」と私は聞いた。

「つきません」と言い切る長男。

「もうご飯の時間だけど、ご飯いらないいんだっけ?」と聞いてみると「いりません」と意地を張る。空腹をきっと感じているはずだが、それよりも、ここでご飯を食べたら自分の言ったことが嘘になることに明らかに気付いていた。私はホカホカに出来上がった夕食を一緒にとりたいなぁという気持ちをぐっと抑えて、「ご飯を食べない」という一大決心を尊重した。長男は家に入れてもらえただけで感謝して、いつもの寝室ではなく、玄関先に布団を敷いて眠りについた。

翌朝、起きてきた長男に「ご飯どうする?」と聞いたら、「いらない」という。「お腹減ってないの?」と心配すると、「減ってない」ときっぱり。

「さすがにこれぐらい怒ったらしおらしくなるのかなぁ」と微笑ましく思ったのもつかの間、お供え物のお下がりを置いている棚を見たら、大量の駄菓子の空き袋が残っていた。私たちが寝室に行ったあとにこっそり食べたのだろう。どうりでお腹が減っていないわけである。私の迫真の芝居もそんなに長くは効力を持たなかったようだが、まあそんなもんだろうなぁと思う。

5．住職、堪忍袋の緒が切れる

素直すぎる長男

私への愛を叫んだあたりによく表れているが、長男はあまりに素直である。YouTubeがのびのび育ててくれたおかげなのかもしれない。しかし、これも手放しでは褒められない。こっそり食べた駄菓子の空き袋を放置していることからもわかるように、要領が悪い。

「夏休みの宿題が終わったのなら丸つけするから持ってきなさい」と見せに来させると、ケアレスミスが多いタイプの子なのに、素晴らしいことに全問正解している。国語の記述問題も、正答例と一字一句違わない。私は怒るのがアホらしくなってくる。

「丸写しはアカンけどな、丸写しするならするで、やり方があるやろ！」「一ページに一か所ぐらい間違うとか、記述は少しぐらい言葉を変えるとかしなさい！」と余計な注意までする羽目になる。

またある時には、姉弟二人で習い事から帰ってきたら、姉が号泣していた。弟が一緒に飲もうとジュースを買ったのだが、ペットボトルの蓋を閉めずに姉のカバンに入れたせいで、お母さんからもらった大事なカバンがビショビショになったのだという。

弟に謝らせて仲直りさせたあと、「でも、このジュース代はどこから出したの？」と尋ねたら、長男はモジモジして何も言わない。「ちゃんと答えなさい」と再三促すと「お父さんのところから……」とお金を盗んだことを白状した。

「いくら？」と聞いたら「五百円」という。大人には小銭だが、子供にとっては大金である。「泥棒と一緒じゃないの！」と怒ったが、怒っているうちにこれまたおかしくなってきた。不謹慎な考えかもしれないが、我が子なら、お金を盗んだ時ぐらい、慎重にジュースを飲んでほしい。後になって姉は、「あの時私も一緒になってお金を盗ったのよ」と自白したが、すべての罪を引き受けた弟と、しれっと逃げ切った姉と、なんとも好対照である。

極めつきは、やはり小学二年生の時であるが、長男が学校に出かけている時間帯に、警察官がやってきた。防犯カメラの映像をプリントアウトしたものを見せられ、「これは息子さんじゃないですか?」と尋ねられた。そこには車のボンネットにいたずらする子供の姿があった。間違いなく私の長男だった。

「うちの子ですね、これ。間違いないです」

と正直に答えた。子供が帰ってきたら警察に出頭させることを約束した。

下校してきた長男に、「ちょっと警察まで呼ばれてるんや。最近、日頃の行いが悪いからな。少年院に入らなあかんかもしれんな」と脅した。私は、恐怖のあまりわんわん泣きじゃくる長男を連れて、警察署へと向かった。

別室に通された長男は、警察官から問いかけられ、自分がこれまで犯してきた悪事の数々を洗いざらい話したらしい。

「お菓子を勝手に食べました」

「宿題を丸写ししました」

「お父さんのお金を盗りました」

「お姉ちゃんのカバンにジュースをこぼしました」

たぶん、警察官もおかしくてしょうがなかったことだろう。一番聞きたかった車への損傷については、悪気があったというより出来心でのいたずらだったことに加え、防犯カメラに記録された日時からすでに三～四か月経過していたために、なかなか思い出せなかったようだった。

最後には車の件も認め、もう二度と悪いことをしないと警察官に誓った。帰宅する道中、長男の顔を見ると、よほど疲れ果てたのだろう、ただ茫然としていた。

経済制裁の丸坊主

笑いを重んじる関西では、つらかった話でも、貧しかった話でも、笑いに昇華させれば乗り越えられると信じられている。大人目線ならとうてい考えつかないことをしょっちゅうやってのける長男のエピソードは、笑い話としてはたいへん面白い。ときどき手伝いに来る母も、日々お寺に来るスタッフも、私から新しい事件を聞くのを楽しみにしていて、爆笑しては「あぁ……また……」と頭を抱えるのがお決まりの光景だった。

しかし、さすがにカチンときたことが一度だけあった。

小学二年生の時だったが、長男がお風呂で指先に怪我をして泣きベソをかきながらあがってきた。私が使用しているT字カミソリが気になって、刃先を触ったようだった。無断で父親のものを使ってみようとしたことを申し訳なさそうにしているから、「カミソリはよく切れるから気をつけなさいよ」と注意し、それ以上のおとがめは無しにしようと思った。

私は、消毒などの処置を済ませた後、気が動転して散らかったままであろうお風呂場の片付けに向かった。お風呂場は離れにあるから、リビングからは座敷がある廊下を抜けていく。案の定、浴槽周りには血の跡が残っていた。洗面台には、流しに血がついていただけではなく、かけてあったタオルにまで血を拭いた跡があった。おそらくは「バレないようにできないかなぁ……」という淡い期待があったのだろう。「わあぁ……」と私の心が言葉にならない悲鳴をあげる。血の跡が他にも残っていないか入念に確認しながら、廊下を再び歩いて戻ると、あろうことか座敷と廊下を仕切る障子が赤く染まっていた。タオルで拭いても血が止まらなかったから、障子をティッシュ代わりにして血を拭きながらリビングに戻ってきたらしい。

心の中にプッツーンと大きな音が響き、理性がはじけ飛んだ。

私だけではなく、お寺に関わるみんなが、誰が訪ねてこられても使ってもらえるように、本堂と並んで座敷をいつも綺麗に掃除していた。そのいわば「聖域」の一角が、一瞬にして事件現場のようになったのを見て、怒り狂うことが正しいようにも感じられた。

「なんてことしたのよ！」とさっき許されたはずの息子に詰め寄り、パーンと平手打ちを一発、二発と見舞う。息子は泣きじゃくるが、それでも怒りは収まらない。

「もう幼稚園児でもないのに、なんでいろんなところにペタペタ血をつけるの！　誰が掃除するのよ！　障子で血を拭いていいわけないでしょう！　張り替えるのいくらかかると思ってんのよ！　お寺の障子は家庭用と違うから高いのよ！　あんたそのおカネ払えるの？　え、どういうつもりなの？」などとまくしたてた。

息子は何も返事をせずに泣きじゃくるのみである。

一方の私は言いたい放題に怒鳴って少し理性が戻ってきた。このときすでにシングルファザーになって二年が経過していたから、この状況をどう楽しむかを考える余裕もあった。

「たぶん一枚五千円ぐらいやから、二枚汚してるし一万円やなぁ。うわぁ高いなぁ。どうやって払ってもらおうかなぁ」とつぶやいてみせた。小学二年生にはとても払える金額ではなく、おののきながら聞いている。

その表情を見ながら、「よし、丸刈りにしよか」と不意に言い放った。息子は私が正気かと疑っていたのだろうか、キョトンとした風だった。

「あのな、昔っから日本では悪いことをしたら丸刈りにする習慣があるんや。でもな、そういう習慣も体罰って非難される時代なのはお父さんもわかってるし、丸刈りにしたらなんでも許されるっていう文化は間違ってると思う。だから、ここからは完全にお金の話と思って考えてほしいねんけどな、いつも君がヘアカットしてもらってるお店には一回二千五百円払うやんか。でもな、お父さんはバリカンで自分の頭を剃ってるからな、つまりタダや。ラッキーやろ。じゃあ何回ヘアカットを節約すれば、障子を張り替える一万円が貯まるか。簡単な計算や。お父さんが君を四回丸刈りすればええんや」

長男はこれを素直に受け入れて、お坊さんみたく丸刈りの姿になった。

私には下心があった。

丸刈りにしたら檀家さんが喜ぶに違いないと。

子供用の法衣を着せたら、もう絵にかいたような小坊主である。

案の定、檀家さんたちはメロメロになった。

長男も、顔を見るとまんざらでもなさそうな様子。「お婆ちゃんのお葬式頼んどくかな」と見つめられ、困惑しながらも、なんとなく「うん」と答えてしまう長男。

三十年前の私の姿そのままである。いつになってもこの風景は繰り返されるのだろう。

6．孤独と仲良くつきあう

学校からの呼び出し

かくして、悪戦苦闘しながらも私なりに工夫してユーモアのある子育てを試み、何とか親二人分のしつけをしていたのだが、これが実は後年に思わぬ事態を招くことになる。

ごまかし癖がなかなか抜けなかった長男だったが、小学五年生になったぐらいからようやく顔つきが変わった。心を入れ替えようとしている節が見えた。ちょうどその頃、学校の担任の先生から電話がかかってきた。「息子さん、忘れ物をしたりしたことを、お父さんにうまく相談ができなくて悩んでる様子なので、放課後に学校に来てもらえませんか」という話だった。忘れ物キングとして学校でも名を馳せていたから、担任の先生から電話をいただくことは過去にもあったし、私は「またか……」というぐらいの軽い気持ちで学校へ行った。

職員室を訪ねると、担任の先生だけではなく、わざわざ教頭先生までも出てこられて、一緒に別室に通された。ただならぬ異様な空気である。

「お父さんのことを怖がってるようなんです。詳しく聞くと、悪いことをしたらご飯抜きにされたり、叩かれたり、汚い言葉でののしられたりするから、それが怖いんだと」

今日の話し合いのターゲットは、息子ではなく、私だった。先生たちは、私の教育の仕方が児童虐待に当たるのではないか、と明らかに疑っていた。「場合によっては児童相談所に連絡することも考えます」とも言われた。

「なんでもかんでも先生に正直に言うなよ」と息子の素直すぎる性格を恨んだ。

私自身も、いくらしつけの意図があるにせよ、子供を叩くと現代の教育ルールでは体罰と疑われることは知っていた。加えて、ご飯を抜きにしたり、厳しい言葉で叱って私のことを怖がっている状況なら、そのように指摘されても仕方がない。

でも、私の言い分も聞いてほしいところがある。

「嘘をついたらご飯抜き」に関しては、私が設けたルールではない。勢い余ってのことはいえ、子供が自分で言い出したルールである。ご飯抜きにしたらお供え物のお下がりを食べていたことまで、先生は知らない。だから、「かくかくしかじかの経緯で、我が家では嘘をついたらご飯抜きなんです」と説明したが、「ご飯抜きはやめてください」とピシャリと言い切られ、まったく聞き入れてもらえなかった。

これは悪あがきをしないほうがいいと判断し、「そうですね、怒って締め付けるよりも、正しく生きたいという本人の気持ちを大事にしたほうがいいですね」と私は言った。率直な気持ちではあった。以前なら、何度こっぴどく怒られても懲りなかった長男だったから、怒られることを恐れているのを知っただけで、私は感激していた。自分の感情を整理して先生に伝えられたのも、大きな成長だろうと思った。

「叩かずに言葉で注意するようにします」「ご飯抜きのルールは今回を機にやめることにします」と約束した。しかし、怒ったときの言葉遣いは、つい素が出るもの。「アホか」「ボケ」「死ねコラ」といった荒々しい言葉も身近に飛び交う環境に育ったので、カッとなったときには日頃かぶっていた猫がはがれる。

先生たちは、態度を改める気配があることに、ともかくも及第点をくださったようだった。「お子さんを誉めて伸ばしてあげてください」「叱りつけても一定の抑止効果しかありませんから」と助言をいただき、「お父さんだけで育てていくのは大変ですよね」とねぎらってもらった。

私は先生の言葉に相槌を打ちながら、現代の学校教育のスタンダードと、我が家の教育の在り方はまるで違うなぁと感じていた。

修行道場の「罰礼」

学校からの帰り道を歩きながら、時代錯誤のレッテルを貼られた子育てを、どういうわけか心の底から反省しようと思えない理由を、私はつらつらと考えた。

私が子供の頃なら、宿題を忘れたり、授業中やかましくしたりしたら、「後ろに立ってなさい」と怒られるのは当然のことであった。これが今や、文科省の体罰禁止に関するガイドラインによれば、「肉体的苦痛を与えるようなもの（正座・直立等特定の姿勢を長時間にわたって保持させる等）」に該当するから、体罰だとされるらしい。

もう二十年以上前だが、修行時代にも罰は存在した。たとえば、禁止されているお菓子やお酒などを持ち込んだりしたことが発覚したら、没収されたうえで「罰として礼拝《らいはい》三十回！」とか「五十回！」などと命じられた。これを「罰礼《ばつらい》」という。

礼拝は、仏さまに向かって「南無阿弥陀仏」を唱えながら合掌姿で立ち上がり、そして、座って頭・肘・膝をベタッと畳につけていく。一回や二回ならいいが、回数が増えると若い人でも足腰がふらふらになる。礼拝と言わずスクワットと呼ぶ修行仲間もいた。しかし、礼拝それ自体は、古くから伝わる仏道修行のひとつである。修行道場が無事に終わった時などにも、「仏さまへの感謝の思いを込めて礼拝！」と言われる。この場合は「御礼礼拝」という。名称こそ正反対だが、実践する内容はまったく同じで、いくら感謝を込めてもスクワットのような動作を繰り返すしんどさは変わらない。違う点があるとすれば、礼拝が済めばようやく家に帰れるという希望の光があることぐらいだろう。

要するに、どんな趣旨で行う場合にも、礼拝行はつらい。罰礼は現代なら「体罰」とされるのかもしれない。でも、御礼礼拝までなくなると、修行生活が味気なくなるのは間違いない。何が体罰に該当するかの線引きは、案外難しいと思う。

仏教的教育は、前時代的?

私が怒る時の言葉が荒々しいのは、育ちによるところもある。だが、それよりも理由として大きいのは、日頃読んでいる経典の言葉が実はかなり過激だからだろう。

仏教では、「人間は煩悩ゆえに生まれ変わっても苦しみを受け続ける」とか「罪を犯したら地獄へ堕ちる」とか、壮大な脅し文句で人間をふるえあがらせてきた。しかも、「お釈迦さまの言葉だから信じなさい」と有無を言わさない。地元で飛び交っていた言葉より、経典の言葉のほうがよほど乱暴である。

しかし悪意はない。人間の心は弱く、つい楽な方に流れがちだから、恐怖感を植え付けてでもまっとうに生きるように習慣づけたほうがいい。これは、人間の心を育て、円満な社会生活をもたらすための、仏教的な知恵だといえる。

つまり、仏教的な見地からすれば、極端なまでに身体の姿勢を調えたり、言葉によって強烈に心を刺激したりして初めて、揺れ動きやすい心は穏やかになる。もちろん、度を過ぎてはいけないし、体罰や虐待を推奨するつもりではないことは断っておく。

これが前時代的な考えだと言われればそうなのかもしれない。しかし、学校も習い事の先生も叱ってくれない時代であるがゆえに、なんとかお寺で厳しくしつけてほしいというニーズは強く感じる。檀家さんが小さな子供を連れてお墓参りに来た時に、「お前ちょっとやんちゃが過ぎるから、お寺で修行させてもらえ」と脅し、私も「二、三日修行していくか」と追い打ちをかけるのは、定番のやり取りである。

葬式の時に、「亡くなられたおじいさんの行き先は閻魔さまの裁きを経て決まります。

嘘をついたら舌を抜かれ……」と法話すると、子供たちは血の気が引いている。

もっとも、自分の子供が忘れ物ばかりで学校の先生に迷惑をかけ続けている現状で、私が仏教的教育を声高に主張しているのは、はなはだ筋違いのようでもあるのだが、ついつい僧侶としてそのような言い訳のひとつでもしたくなる。

弟と対照的な姉

怒られっぱなしでおっちょこちょいの弟とは対照的に、姉のほうは学校では優等生キャラで通っていた。しかし、根っからの優等生だったわけではなく、そう演じることで多くの大人がチヤホヤしてくれることを見抜いていた。よく言えば人の心の機微を知っているということになるが、ませているとも言える。

離婚に至るまでの波乱を目のあたりにし、心にダメージも負ってきた分、大人に対して冷めているところもあったのだろう。「お父さんが離婚したから、小説読んだ時に主人公の気持ちがよくわかる」と喜べるほどに、小学生にしてすでに人生を達観していた。

勉強は真面目に取り組むよりもいかに手を抜いてごまかすかに全力投球していたが、それでも国語の点数は常にずば抜けていて、その点数は私にとって離婚したことがマイナスばかりではないことを示す免罪符でもあった。もう少し先生を信じて学業に精を出してほしいという気持ちも抱くが、私自身が先達を信じるよりは自分で考えて正しいと信じることを優先して生きているので、どうも娘を責めることはできない。むしろ私の子供らしいと褒めてあげたくなる。

孤独は慣れるもの

ひとりでの子育ても、二年、三年と経つ頃には、ずいぶんスキルアップして過酷な状況にも対応する力がついてくる。離婚したての頃は、「仕事のキリが悪いのになんで夕食の支度せなあかんねん……」と愚痴を吐きたい時もあったが、いつしかそういう不自由な生活も当たり前になっていた。シングルファザーの孤独にも徐々に慣れてきたのかもしれない。

だからといって、いつまでも孤独感は消えない。子供たち二人が成人するまで絶対に元気でいなければいけないという恐怖は、常に襲い掛かってくる。

ふと思い当たった言葉がある。

「犀《さい》の角のようにただ一人歩め」

原始経典『スッタニパータ』に記される有名な警句である。王族の跡取りだったお釈迦さまは、その地位と妻子を捨てて出家し、さとりを開いたのちも定住せず、八十歳で生涯を終えるまで遊行の旅を続けた。そのお釈迦さまの生き様のごとく、心を惑わす娑婆世界のいとなみからはできるだけ距離を置き、正しく生きるようにつとめなさいと戒めている。「孤独感の克服」を奨める言葉、あるいは、「精神的自立」を促す言葉として、よく引き合いに出される。

以前から好きだった言葉で、孤独な時に思い出すと背中を押してくれる気がした。だが、洪水のように孤独感が押し寄せてくるシングルファザー住職の日々を経て、言葉の味わい方が変わった。

よくよく考えてみると、ひとり親家庭の親にかぎらず、どんな人も孤独感は解決しようがない。誰にもやがて寿命は訪れ、その時には配偶者も子供も遺してひとりで死んでいかなければならない。生きているあいだも、ひとりとして同じ人間はいないから、自分の感情を百パーセントわかってくれる他人はいない。

しかし、人は孤独だと思うと不安になる。ついマジョリティのほうに立ちたくなるし、マイノリティのほうにいても自分の苦しみを理解してくれる仲間がほしくなる。だが、それは孤独を見えなくするだけである。

私も例外ではなかった。

離婚前は、夫婦とそのあいだにできた娘と息子の四人暮らし。どこにでもある家族構成だった。人間とは単純なもので、ありふれた生活をしていると、そこに幸せがあるわけでもないのに安心感を覚える。それが離婚してひとり欠けただけで、一気にマイノリティになるのだから、この社会はいい加減なものである。

ましてや、離婚を決心した時、お寺の住職をやりながら、シングルファザーとして子育てに励んでいるというレアな人には、親戚や知人はもちろんのこと、ネットでいくら検索しても出会えなかった。これからどう人生を設計すればいいのかを考えようにも、追いかけたい背中はひとつも見えなかった。

でも、ずっと孤独を感じているうちに、孤独であることが日常になった。孤独慣れしたのである。そして、人生が終わるまでどうせ孤独から逃げられないのなら、この感覚と仲良くつきあっていくほうが楽だなぁと達観できるようになった。シングルファザー住職という、世にも珍しい体験をしたおかげで、ずいぶんたくましくなったものだと思った。

第四章　空回りするシングルファザー

1. 緊急事態のひとり親家庭

コロナ禍の逆風

離婚から二年余りが経った二〇二〇年春。

生活のリズムはだいぶつかめていた。

シングルファザーの日々は、たとえていえば、テトリスやぷよぷよのような「落ち物ゲーム」の感覚がある。テトリスだとブロックを横一列きれいに並べれば消えてくれる。ぷよぷよなら落ちて来るぷよを同じ色で四つ組み合わせれば消える。

これと同じように、私の身には、「お茶を沸かす」「洗濯機をまわす」「お風呂に入れる」「山門を開ける」などのパズルのピースがどんどん降りかかってくる。ため込み過ぎてゲームオーバーにならないように、スピーディにかつ効率よくこなしていく。お寺は一般の住宅よりも敷地が広いので、移動時間のロスを減らすために、本堂や山門まで行く時には極力手ぶらで動かない。

パズルゲームはやり込めばうまくなるように、私もシンパパ育児ゲームの腕は上達していたが、突然、容赦なく恐怖のどん底に突き落とされる事態が訪れた。

コロナ禍である。

いや、コロナ禍というと、単なる疫災のようで聞こえはいい。

ギリギリのところで生活を回している私にとってみれば、ウイルスに感染することよりも、行動制限をかけられることのほうが、致命傷になりかねない。

子供は新型コロナウイルスにかかりにくいという情報もすでに流れていたが、二〇二〇年二月二十八日、文部科学省から一斉臨時休業のお願いが出された。初めての緊急事態宣言が発令されるより一か月以上前に、子供をとにかく家のなかに閉じ込めようとする不可解な判断だった。あくまでお願いベースで強制力がない通達だったとはいえ、文部科学省の言葉は重く、ほとんどの自治体が小中学校や高校の休校を決めた。

体中から血の気が引いた。

休校中の生活のことを考えれば考えるほど、怒りが込み上げてきた。

「え？　子供ってコロナウイルスにかかりにくいはず……」

「法事の予定も入ってるのに……」

「昼ごはんの段取りも考えな……」

政治家には、きっとひとり親家庭の苦しみなど眼中にないのだろう。選挙権を持たない子供よりも、一票を自分たちに投じてくれる有権者のほうがきっと大切なのだろう。この国の将来を担う子供たちよりも、五か月後に控えたオリンピック（開催は二〇二一年夏に延期）の利権のほうが大事なのだろう。怒りの声が心のなかに響き渡った。

それでも、多くの自治体が即座に休校を決め、土日をはさんで三月二日から休校措置を取ったのに対し、京都市は「準備期間」を設けて三日遅れの三月五日から休校としてくれた。たかが三日間の猶予であるが、月曜日から水曜日までの三日間、子供が学校に通っているあいだに、スーパーに買い出しに行ったり、仕事のスケジュール調整をしたりと、態勢を整えることができた。京都市は、ひとり親家庭にも配慮してくれているようで、嬉しくもあった。

私はこの時つくづく、この社会はもっと子供にやさしくあるべきではないかと思った。

緊急事態宣言中も大人は、「買い物にいかなあかん」「外せへん仕事やから」と理由をつければ、外出が許された。しかし、いちばん多感な子供は、ずっと家にこもりっきりになった。今でも印象的に覚えているのは、三か月近くに及んだ休校が終わる頃、子供を車に乗せて近所の回転ずしに連れていったら、窓から見えるありふれた街並みに感動していたことだ。

宗教は不要不急？

とはいえ、新型コロナウイルスに日本社会が萎縮していた頃、休校措置に絶望と憤りを感じながらも意外と私自身は萎縮していなかった。シングルファザーという過酷な環境に身を置いてきた私のほうが、おそらくは精神的に余裕があったのではないか。これからどんな未来がやってくるのかを思えば、私だって不安に駆られた。しかし、日常のすべてが不安のなかにあるのは離婚して以来ずっとのことであるから、もう慣れっこになっていた。どんなに不可能に思える状況でもなんとか生き抜いてきたから、新型コロナウイルスに対しても「かかってこい」ぐらいの気概があった。

一方で、周りのお寺の人たちは、みっともないほど打たれ弱かった。

政府のお願いに従順なのはこの国の人々の特性なのだろうが、その中でも特に、お寺の人々は日本的な「空気読み」の精神で動くのを得意にしている。長いものには率先して巻かれようとする。政府が不要不急の外出を控えるように促すと、宗教法人に対する規制があったわけでもないのに、我先にとあらゆる宗教行事に「不要不急」と自らレッテルを貼って自粛し始めた。飲食店やカラオケ店など、「密」の象徴的な場にいる人たちがなんとか抗ったり、休業補償を要求しようとしたりしたのとは、まるで対照的だった。

日本中が冷静さを失っていた中で、春のお彼岸が近づいてきた。春分の日には、真西に夕陽が沈む。そのはるか向こうに西方極楽浄土があり、ご先祖様たちはそこにいらっしゃるらしい。日本人にとってお彼岸は、お盆と並んでもっともご先祖のぬくもりを感じられる日になっている。例年なら、全力をあげて檀家さんたちを迎え入れるために準備をするのだが、今年ばかりはそうもいかない。

本堂で法要をつとめる日は迫ってきたが、新型コロナウイルスの感染拡大は、収まる気配を見せない。法要をつとめれば、高齢の檀家さんが本堂で「密」になってしまう。クラスターが発生すれば檀家さんは死の危険にさらされるから、ほとんどのお寺が法要を取りやめるか、参拝者を入れずに行うという判断をくだした。周囲のお寺があっけなく新型コロナウイルスに白旗をあげていく状況に、私は唖然とするばかりだった。

宗教は本当に不要不急なのだろうか。

むしろ、未知の感染症を前にして、近年まれにみるほど宗教に対する期待感が高まっているのではないか。歴史をさかのぼれば、東大寺の大仏は聖武天皇が天然痘の流行で疲弊した社会の回復を願って建立を命じた。祇園祭も平安時代に疫病が流行ったときに神輿を担いで神に祈ったことに由来する。政治の力、ひいては人間の力ではどうしようもできない状況を前にして、私たちはせめて宗教に希望を見出そうとすることは歴史が証明している。

私は、「こんな時こそ手を合わせたい」という願いになんとか応えたいと思った。

しかし、どうすれば「密」を避けて、法要を執り行うことができるのか。

答えなんかどこを探しても書いていない。でも、だからといって、諦める必要はどこにもない。シングルファザー住職の生活を成り立たせるために知恵を絞ってきたことは、私にとって自信になり始めていた。未知の感染症を前にした時も人間は決して無力ではないと信じられた。

もし周囲に相談したら、不安が伝播する。「やめておいたほうが……」と忠告されるに決まっている。何日もひとりで考え抜いた末に、「風通しのいい庭で法要をやろう」と決め、庭にテントを張って椅子を並べて檀家さんを迎え入れた。この判断は、当時人々の心が暗闇に包まれていた中で数少ない希望を感じる話題だったらしく、地元京都新聞の一面に取り上げてもらった。胸のすく思いがした。我ながらたくましくなったもんだなぁと思った。

休校中の静かなお寺時間

この時、「庭で法要をつとめる」という奇策を思いついたのは、かねてから大勢の人たちとお寺を作ってきたことが大きい。

お寺をライブイベントやアート展示の会場に利用したいと訪ねてくる方々は、本堂、座敷、庫裏、庭などをどう活用すれば、お客さんに最高のパフォーマンスが提供できるかを真剣に考える。照明をどこに設置し、お客さんにどこから見てもらえたらベストなのか。私としても最高のお寺体験を届けたいと思うので、一緒になって考える。毎年変わらない仏事の準備に比べれば何倍も骨が折れるのだが、労をいとわずこういう作業を行ってきたことで、柔らかい頭で「庭で法要をつとめる」という発想ができたのだと思う。

さて、春のお彼岸が終われば、いつも人の出入りが多くにぎやかな龍岸寺も、さすがに閑散とした。気候のよい春先から夏にかけては、週末を中心に頻繁にイベントが組まれていたが、いくつかをライブ配信のみの無観客で行った以外はすべて中止になった。週に何日もお寺に集まって練習していたアイドルたちも、感染拡大を避けるため、自宅で個人練習を重ねることになった。

お寺のスタッフも、自宅でできる作業は自宅でお願いするなどして、最少人数で運営する態勢をとった。たいていの日は、緊急事態宣言下の休校で自宅待機を命じられた子供二人と、この年の四月から新しく入った女性スタッフと、合計四人で過ごしていた。

マンションや一戸建てのごく普通の住宅に暮らしていると、家庭のなかは社会と断絶している。プライベートが守られているともいえるが、私たちはつい楽な方へと流される生き物であるから、おうち時間が続くと規律がなくなり、ダラダラした生活をするようになる。仕事も理屈上はリモートでできるかもしれないが、おうちにいると上司や同僚の目がないから、どうしても気が緩む。子供の学校の友達は、家族水入らずの日々を楽しむよりは、ゲームの「どうぶつの森」をとめどなくやり込んだ子が多かった。

お寺では、家庭の生活も社会のなかに組み込まれている。プライベートが守られていない不自由さはあるが、その分、生活のリズムは乱れにくい。緊急事態宣言中でも、朝は決まった時間に山門を開けなければいけない。檀家さんはお参りにやってくるから、子供だとしても、見苦しくない服装をしていなければならない。電話が鳴るたびに、もしかしたらお葬式の連絡の可能性もあるから、ピリッと空気が引き締まる。休校期間中の家庭に規律をもたらすのに、このありがたい環境を利用しない手はない。

それに何より私自身が、毎朝、お寺の本堂で手を合わせる静かなひとときを、心の底から欲していることに気づいていた。テレビ、新聞、SNSなど、私たちの目や耳に入ってくる情報は、新型コロナウイルスの話ばかりだった。ニュースソースに接して日々の感染者数を把握したり、感染対策について学んだりすることは必要だとしても、四六時中それが続くと平常心を失っていく。自分ももしかしたら感染して命を落とすかもしれないと恐怖におののく。

しかし、お寺に暮らしていると、本堂で勤行をしなければいけないから、この時間だけは情報メディアを完全に遮断することができる。一日にわずか二十分でも三十分でも手を合わせ、心にたまった負の感情をリセットすることで、自分自身を取り戻すことの大切さを身をもって知った。一般家庭でも、仏壇があって手を合わせられる環境があれば、ずいぶんとコロナ禍は乗り越えやすかったのではないか。

私は、せっかくなので、お寺らしい生活を子供と一緒に過ごすことにした。

朝、スタッフが出勤してくるのが九時ぐらい。それまでにはご飯を済ませておいて、一緒に経本を片手に本堂に向かい、勤行に励む。それが終わったら、庭掃除をする。

スタッフもうまくサポートしてくれた。不思議なもので、私が「本堂行くよ!」と言っても子供はまったく言うことをきかないのに、スタッフが言うと、「一緒に行く!」と嬉しそうに勤行に励む。スタッフが「掃除しよう!」と誘うと、「する!」と返す。

親に対してはどうしても照れがあったり、反発があったりする。反発しながら、自分自身のエゴを形成していく。それが自然な成長だろう。私もさんざん両親に反発してきたから、我が子の態度をむげに否定もできない。だが、そこにひとりスタッフがいるだけでまるで空気が変わる。お寺という、仕事場と家庭が一体になっていた環境ゆえになしえたことであったが、子育てのあり方を考えさせられる日々であった。

2．息子、YouTuber デビューする

初めての YouTube 撮影

そんな生活を一か月も続けているうちに、朝の勤行の時間が活気づいていった。

特に成長に目を見張ったのが長男だった。離婚して早々の時期、就学前の長男を置いて出かけられず、檀家さんのお宅に一緒に連れて行っていたから、普段唱えているお経はその頃すでに覚えていた。でも、小さな声でぼそぼそ唱える、あどけなく頼りない読経だった。小学三年生にもなると、はきはきと力強い声で唱えられるから、聴いていて心地よい読経に変わった。

一緒に読経していたスタッフも、長男に魅かれるものを感じたようだった。ニヤッとした表情で「映像撮りましょう」と言ってきた。

なるほど、丸坊主のお寺の子供が、一生懸命にお経を読んでいる姿は、抜群の癒し効

果がある。素晴らしいおうち時間だときっと喜ばれるに違いない。

不思議に思われるかもしれないが、カメラ、マイク、ライトなど、撮影に必要な機材はプロが仕事で使うレベルのものが、およそ揃っていた。住職にはオーバースペックであるに違いないのだが、お寺の魅力を正しく引き出せるよう準備しておこうと考えて、平素から少しずつ購入していたからである。

そして、幸いなことに、スタッフは映像編集のスキルを持っていた。

パズルのピースが揃った。

コロナ禍の今こそ、YouTube チャンネルを開設すべきである。チャンネル名は「龍岸寺ナムナムＴＶ」、長男の YouTuber 名は日頃家庭で呼ばれている名前をそのまま用いて「えんちゃん」、キャッチフレーズは「龍岸寺のマルコメ君」に決まった。

一方の長男のほうは、突然の休校措置よりも衝撃の展開に驚くばかり。テレビＣＭで「マルコメ君」を見たことはなく、名前の由来もわからない。私とスタッフが意気投合して盛り上がっている様子に、戸惑うのみであった。

本堂を舞台に行われた初めての撮影。台本は大人たちが準備した。撮影するシーンは三つ。まずは冒頭のご挨拶と動画内容の説明。

「こんにちは。龍岸寺のマルコメ君ことえんちゃんです」

「僕は今学校がないので、朝、お経を唱えています。今日は学校や仕事がないからスッキリしないなぁと思う人のために、朝のお経を伝えたいと思います」

しかし、名前を言うだけでもカメラに向かうとドキドキしてしまう。何度も撮り直してようやく、爽やかな声が元気いっぱい響くようになった。

次に、メインのお経。収録するのは、朝のおつとめで唱えている四誓偈の一節。長さにしてわずか一分三十秒ぐらいである。いつもなら経本など見ずともスラスラ唱えられるはずだが、カメラに向かってひとりで唱え、しかも私の真似をして木魚やおりんまでも鳴らさないといけないから、まったく勝手が違う。緊張のあまり詰まった回数は数知れず。ようやく収録し終えた時にはぐったりしていた。

気力を振りしぼって最後にYouTube動画のエンディングに決まり文句の「チャンネル登録と高評価をお願いします」という締めの挨拶を収録し、撮影がすべて終了。

数日後、「ぼくといっしょに唱えよう」という動画をYouTubeに公開し、私のSNSなどで紹介した。知り合いが「可愛い!」「一緒に唱えました」などと喜んでくれ、「龍岸寺ナムナムTV」にもチャンネル登録してくれた。

YouTube「龍岸寺ナムナムTV」の初回

えんちゃん本人は、これですっかり気をよくした。

小学生の「なりたい職業ランキング」でYouTuberが一位になる時代だから、YouTubeはあこがれの世界。撮影中こそ、やらされてる感が半端なかったが、どうやら内心ではYouTuberになれたことが嬉しくて仕方なかったらしい。毎日「チャンネル登録者数、何人になった?」と聞いてくる。「ひとり増えて九十人になったよ。三桁が見えてきたね」などと教えてあげると、ニヤニヤが止まらない。

YouTuberだと胸を張って言えるのは、チャンネル登録者数が一万人を超えたあたりだと考えるのは、あくまで大人の理屈。小学三年生の子供にとっては、チャンネル登録者数がわずか二桁でも、立派なYouTuber。一日にひとりでも登録者数が増えたら、いつかはカリスマ YouTuber になれると信じてやまないのであった。

親子そろって人気者に

緊急事態宣言下のおうち時間のあいだを通じ、マルコメ君の撮影は続いた。お坊さんらしく「写経」にチャレンジする様子も撮影した。

私は確信していた。緊急事態宣言が解除になり学校が再開されたら、「YouTube やってるから見てよ」と絶対友達に自慢するだろうと。久しぶりの登校前、「休校期間中に何やってたのって聞かれたらどう答えるの？　YouTube 撮影？」といたずらっぽく尋ねてみたら、たぶん恥じらいもあったのだろう、「どうしようかなぁ」と悩んでいる素振りを見せていたが、結果は予想通りであった。

帰宅した長男に「言った？」と聞いたら、「仲のいい二、三人にだけこっそり言った」という。でも、「クラスメイトが YouTuber になっていた」ことは話題性たっぷりだったようで、あっという間にクラス中に知れわたった。毎日学校で一緒に過ごしているのに、家に帰ってからもわざわざ YouTube ごしに顔を合わせる必要はないだろうと思うが、子供たちにとって YouTube のなかは夢の世界であり、そこで友達が活動しているというのは羨ましいことであるらしい。

YouTubeには私も出演していたので、学校の友達は私にまで敬愛の眼差しを送ってくるようになった。道ですれ違えば、「えんちゃんのお父さんや。ナムナムTV見てます！　チャンネル登録もしたで！」と声をかけてくる。うちに遊びに来るような親しい子なら、「僕もナムナムTV出たいです！」と志願してくることもあった。

なかには「お経唱えてください」と頼み込んでくる変わったやつもいた。至近距離で子供に読経を懇願されるなんて初体験だし、読経することの意味が誤解されているようにも思ったが、ここは期待に応えてみようと「観自在菩薩……」と般若心経を唱えてあげた。すると「うわっ！　本物や！」と喜ばれるではないか。堅苦しいイメージを持たれがちなお坊さんだが、いったんYouTubeを経由することで百八十度変わるから不思議である。人間というのは、固定観念に振り回される生き物だというほかない。

YouTubeを喜んでくれたのは、小学生だけではない。学校の先生も「お父さん、YouTube見てます」と言ってくれる。ご近所さんも「更新楽しみにしてます」と声をかけてくれる。

檀家さんも、ご年配のご当主はYouTubeをご覧にならなくても、そのお子さんやお孫さん世代になると、お寺の情報を調べる時にYouTubeは欠かせない。そして、YouTubeが役に立つのは、意外にもお葬式の時である。

田舎の実家に仏壇があることぐらい知っていても、宗派がなにか、菩提寺がどこかを知らない人は多い。普段は知らなくても問題ないが、お葬式に臨む時にはやはり気になる。「うちのお寺ってどこなんやろ?」「どんなお坊さんが来るんやろ?」と興味を抱き、まずはホームページを見て私のプロフィールをチェックする。YouTubeチャンネルの存在も知り、私がトークしている映像などを見ると親近感が湧く。

葬儀会場でご遺族と話していると、「住職、YouTubeやってんねや。若いなぁ」と声をかけてくる。「チャンネル登録と高評価よろしくお願いします」などと返す。他愛ないやりとりだが、お互いの距離感がグッと近くなる。

離婚する前のあまり子供にかまってやれなかった時期、子供たちがYouTube漬けになっていたせいで、YouTubeには複雑な思いがあった。次から次へとおススメ動画をたどって中毒になるリスクは否定できないが、お寺の広報ツールとしては思いのほか使い勝手がいい。つくづくテクノロジーというのは、それ自体は善でも悪でもないのであって、要は使いようである。

3．「除夜の鐘」を生配信――コロナ禍で仏教ができること

除夜の鐘に復帰

コロナ禍の中で迎えた初めての年末。

二〇二〇年十二月三十一日、大晦日の除夜の鐘。

シングルファザーになって以降も、可能な範囲で浄土宗の総本山である知恩院に奉職してきたことはすでに書いた。

京都の東山にある知恩院の名所のひとつが大鐘で、日本三大梵鐘《ぼんしょう》のひとつに数えられる。直径二・八メートル、重さ七十トンもあり、僧侶十七人が力を合わせて撞《つ》く。大迫力の光景を一目見て新しい年を迎えようと願い、毎年何万人もの参拝客が訪れる。師走の京都の風物詩である。

逆に言えば、知恩院のお坊さんたちは、大晦日まで休めない。京都は盆地で冬は底冷

えがする。同じ近畿でも大阪や兵庫の都市部では積もるほどの雪は珍しいが、京都は年に何度か雪景色になる。運悪く大晦日に積もり、朝から作業着で雪かきをし、参拝者の安全を確保するところから、長くて寒い一日が始まった年もあった。

除夜の鐘を撞き始めるのは夜十時四十分頃。百八打するにはおよそ二時間がかかる。それでも撞き手はまだいい。身体を動かしているから寒くないし、一打ごとに新年が近づいてくる昂揚感もある。しかし、警備を担当する役に就くと、撞き手が鐘楼に到着するよりもずっと前から、参拝者の安全に配慮し続けることになる。その間、身体はすみずみまでじわーっと冷え切っていく。鐘撞きが終わるのが深夜〇時三十分頃、そこから撤収作業を行うから、帰路に就けるのは午前二時頃になる。

年功序列の厳しいお寺の中では、こういう過酷な仏事はどうしても若手僧侶が中心を担うことになる。奉職したての二十代半ばぐらいの頃は、「たまには年末ゆっくりしたいです」なんてとても言えない空気があり、十年ほどは毎年大晦日に出仕した。

しかし、シングルファザーとなれば話は別である。幼い子供二人を置いて私が出かけることを、いくら総本山でも強要するわけにはいかない。「できればお手伝いしたいんですけど子供が小さくて……」なんて申し訳なさを装いながら、出仕を辞退するようになった。龍岸寺には鐘楼はないので、ゆっくり年越しそばを食べてテレビをつけてまったり特番を見るのが、離婚して以降の大晦日になっていた。

ただ、この年の除夜の鐘は、前年までとはまるで事情が違った。数万人の参拝者が詰めかけて「密」になるのは絶対に避けるべきだったから、無参拝で行うことを早々に決めた。警備や誘導への人員配置が必要ないから、鐘を撞くだけならまったく楽にできた。

しかし、世の中は、例年よりもはるかに新しい年への希望を求めていた。新型コロナウイルスとの戦いがどうか終息してほしいと願っていた。せめてPCやスマホの画面越しにでも鐘の音を届けるべきだという声が、大晦日が近づくにつれ強くなっていった。

でも、にわかに除夜の鐘のライブ配信をしたいと願っても、総本山においてさえそのための機材もなければ、技術もない。機材に関しては、予算建てしたところでコロナ禍になって以降ずっと品薄で、手に入れることが極めて難しかった。

私に白羽の矢が立てられた。

「機材を貸してくれないか」と。そして、「そろそろ除夜の鐘、出仕できるやろ」と。

すでに離婚から三年が経ち、長女が小学五年生、長男が小学三年生。留守をスタッフに任せて、私が深夜まで知恩院に詰めるのもさほど不安ではなくなっていた。

「しゃあないなぁ」と多少もったいぶりつつ、ライブ配信への協力を約束した。シングルファザー住職になって以降、私は百パーセントから程遠い力でしか仕事ができず、周囲に迷惑をかけている申し訳なさを抱えていたから、必要としてもらえたことでずいぶん気が晴れた。

だが、約束したものの、底知れぬプレッシャーに押しつぶされそうだった。コロナ禍になる少し前からお寺の行事のライブ配信をしてきた経験はあった。でも、知恩院の除夜の鐘のライブ配信は、規模感がまるで異なる。使用するカメラの台数もはるかに多く、広い境内にLANケーブルを配線するのも楽ではない。

成功すれば、お参りを断念された方もご自宅で除夜の鐘を聞いて新しい年を気持ちよく迎えてくれるだろうし、他のお寺でも行事をライブ配信しようとする機運が高まるだろう。でも、失敗したらどうなるか。「お坊さんが背伸びしてライブ配信なんてするから……」と失笑されるかもしれない。私だけでなく、宗派全体が恥をかくかもしれない。

冷静に考えれば、私だってライブ配信の専門家ではないから、身に余る大役である。でも、約束した以上は、せいぜいこの機会に学べるかぎり学び、あとはシングルファザー生活で培った度胸でぶち当たるしかない。

迎えた当日。鐘楼内にお坊さんは大勢集まったが、ライブ配信の知識があるのは私だけ。緊張している様子を見せても誰も助けてくれないので、平静を装って配信席に着いた。

予想されたとおり、鐘の音を聞いて一年を終えたい人は多かった。常に数千人が視聴し、日付が変わる頃には同時視聴者数が一万人を超えた。海外からのアクセスもあり、YouTubeのスーパーチャット機能で、世界各地の通貨での投げ銭がお賽銭のごとく寄せられた。大成功だった。

伸びなかった登録者数

しかし、シングルファザー住職が果たしえたサクセスストーリーは、せいぜいこれぐらいである。

法要を庭先でやってみたり、除夜の鐘のライブ配信を実現させてみせたりと、苦境を瞬発力と胆力で切り拓く曲芸は得意になったが、曲芸が求められたのは世間が正気を失っていたコロナ禍の初年ぐらいだった。翌年になれば、ワクチン接種が進み高齢者を除けば重症化しにくい病気になったから、ピリピリした空気はずいぶん薄らぎ、それともに私が救世主のごとく頼られることはなくなった。

それでも、開設したYouTubeチャンネルは、できるかぎり更新を続けていた。お寺から動画を届けることで、まだまだ重たい空気を浄化したいと願ったからだった。また、長男に仏教の教えを学ばせるためとか、うまく話す練習のためとかの目的もあった。しかし何より大きかったのは、長男と一緒にカメラに向かう時間が楽しかったことだ。

毎週日曜日は早めに食事を済ませて、洗い物は放ったらかして機材のセッティングにかかり、カメラの前に向かう。夜八時になると、ライブ配信開始のボタンを押し、「今週の終わりの会」という番組タイトルをコールする。

皆さんが小学生の頃は、毎日下校前に「終わりの会」が開かれていなかっただろうか。正しく生活していれば問題ないのだが、うっかりすると、「池口君が掃除をサボってました」「悪口を言ってきました」と先生にチクられたりする嫌な公開裁判の場になる。長男に聞くとやはり「終わりの会」は開かれているという。

先生に怒られるのは嬉しくないが、怒られると禊《みそぎ》が済むから気持ちはすっきりする。謝罪する場があるのもありがたい。社会人になると、業務日報をつけて一日の仕事内容を報告することはあっても、人として正しく生きられているかどうかを省みる機会がない。週末も暗い気持ちを引きずって、そのまま翌週を迎えてしまう人もきっといるだろう。

だから、小学生の時の初心を取り戻し、自分自身に向き合う「終わりの会」を、お寺の本堂から届けようというのが、「今週の終わりの会」のコンセプトであった。

まずは、私たち親子が我が身を省みて悔い改める。あまりに堅苦しい内容になってもつまらないので、私が長男の恥ずかしい過ちを冗談まじりに暴露する。うまくいけば長男の困惑ぶりに盛り上がるが、うっかり度が過ぎると泣きじゃくって配信が大荒れになる。他にも、お寺の本堂からお経を届けたり、雑談に興じたりと、一年半ほどにわたって配信を重ねていった。

すると、お寺の本堂からの配信への需要は高く、ぐんぐんファンは増えていった——などと書ければよかったのだが、現実は厳しかった。配信の同時視聴者数は十人程度、チャンネル登録者数はせいぜい三桁どまり。

素人がにわかに始めたチャンネルとしては上出来かもしれない。長男にとっては、カメラの向こう側で十人程度が見ていてくれるのは、大きな刺激だったと思う。しかし、知恩院の除夜の鐘は、同時視聴者数一万人を超える配信——日本のお寺を代表する風物詩的な行事と比較するのもおこがましいが——に比べれば、まったく手ごたえがない。「コロナ禍×仏教」という完璧なジャンルで仕掛けているはずなのに、私たち親子が届けているコンテンツは視聴者に刺さらず、決して人気を誇れるほどの数字を獲得できていない。

「コロナ禍の今こそお坊さんが」という私なりの使命感で、カメラに向かっていたつもりだった。でも、視聴者は心に刺さらないものは見ない。忙しすぎるために日常生活はとにかく無駄を省く引き算の発想で過ごしているせいで、クリエイティブな気持ちに蓋をしているから、配信の時も脳が凝り固まったままである。

実際、私たち親子の配信は、毎週決まった時間がくればカメラの前に座るが、ほとんど準備をしていない。BGMもないままに、親子がだらだら話すだけ。顔も疲れているし、トークにも覇気がない。いくら仏教が求められるタイムリーな状況であっても、人気コンテンツとして評価されるほど、YouTube の世界は甘くない。

おそらく、チャンネル登録者数が何万人もいるカリスマ YouTuber は、私たちと違って、カメラの回っていないところでも並々ならぬ労力を費やしている。努力なくして成功はない。そのことを体感できただけでも、親子ともども大きな収穫だったのかもしれない。

4．空回りするシングルファザー

法事をすっぽかす

シングルファザー住職の生活が、空回りを続けていたのは、オンラインだけの話ではもちろんない。リアルでも、檀家さんに迷惑をかけてしまう痛恨の事態がしばしばあった。

ある夏の日曜日のお昼前。

お寺の留守番を学生スタッフに任せて子供の所属する野球チームのお茶当番で出かけていたら、お寺から私の携帯に着信があった。お茶当番のシフトは一時間半程度で済む。行き帰りの時間を合わせてもお寺を離れるのは二時間程度なのに、それでも私の帰りを待ちきれずに電話をかけてくるのだから、「檀家さんの訃報にちがいない」と察する。

「父が先ほど亡くなりまして……」という電話がかかってくれば、学生スタッフなら動揺するのが当たり前である。

ここは住職らしく毅然とした態度で振舞おうと期する。

「お昼過ぎには枕経のおつとめにうかがえるから、ご遺体がご安置されている場所と、ご遺族の連絡先などを聞いておいてください」と指示するつもりで、通話ボタンを押す。すると、異様なまでに焦っているスタッフの声が耳元で響いた。

「先ほど檀家さんから電話がありまして、『今日、十一時から自宅での法事をお願いしてたんですけど、まだお越しになられてなくて』と……」

私もパニックである。時計を見るとすでに十一時を過ぎているから、檀家さんたちはお坊さんが来るのを今か今かと待ちわびているのだろう。しかし、スケジュール帳をなんど見返しても、今日は珍しく法事のない日曜日になっている。だから呑気に子供と一緒に野球に出かけているわけである。

どこに落ち度があったのかわからないが、かねてから嫌な予感はあった。なぜなら、毎日の育児家事だけでも忙殺されるところに、授業参観、運動会、ＰＴＡのミーティング、朝の見守り（交通量の多い交差点で集団登校班が渡り切るのを確認する）などのタスクが入り込んでくると、大事な仕事さえつい意識の奥底に埋もれそうになることが時折あったからである。

今すぐに檀家さんのもとに駆け付けたいが、子供の習い事も放ってはおけない。お寺から檀家さんの自宅まで急いで車で向かっても三十分かかる。お坊さんの格好に着替えて法事の支度をする時間も要る。万事休すである。

心の中ではドラえもんの秘密道具「どこでもドア」を頼りたい気さえするが、現実から逃避している場合ではないと自分に言い聞かす。とりあえず檀家さんに電話をかけて平謝りし、もう正直に状況を説明するしかない。

「大変申し訳ありません。お寺のほうのスケジュール帳には法事の日程が記載されておりません。私自身がすぐに駆け付けるべきところですが、今お寺から離れたところにおります。代わりに先代の住職が至急にうかがいますので、一時間ほどお待ちいただくことは可能でしょうか」

もちろん先方は怒っている。

「法事をお願いして、親戚一同集まってお待ちしてるんです。このあと食事の予約も入れてるんです。一時間も待てません。どうしてくれるんですか」

私は繰り返し電話口で謝罪し、先に食事を済ませてまた自宅に戻り、それから法事の読経という流れで急遽リスケしてもらい、伯父である先代住職にも無理を言って読経に向かってもらった。たまたま、旅行に出かけていない時期だったのが、幸いだった。

お寺にもどって電話機の横に設置されている連絡帳をさかのぼってみたら、確かに法事の依頼が書かれてあった。育児や家事に追われるあまり、見落としていたのである。離婚してシングルファザーになっても、檀家さんに迷惑をかけないようにしなければと思っていたが、現実にそれを完璧にこなすのは無理だった。

後日、檀家さんとお会いした時、改めて「その節は申し訳ありませんでした」と平謝りした。キツいお叱りの言葉を浴びせられる覚悟であったが、返ってきたのは「あんなこと滅多にないので、記憶に残る法事になりました」という温かい言葉だった。一緒にいたご家族からも笑い声が漏れた。この一言に、私は救われた思いがした。

特権への甘え

月参りや法事などの仕事のスケジュールをうまく管理できず迷惑をかけたことは、他にも何度もあった。

京都はお地蔵さまへの信仰が篤い。ひとつの町内は、たいていお地蔵さまをお祀りしている。お盆明けにはそこらじゅうにテントが張られて地蔵盆が行われる。私たち僧侶はそこにおつとめにうかがう。私が住職になった時点では八つの町内にうかがっていたが、うっかり連絡をできなかったことでひとつ減り、それ以降は七つになっている。その町内が今どうされているかはわからない。

さすがに通夜とか葬儀とかをすっぽかしたことはなかったが、訃報が入ってから慌ただしく準備するから、どうしてもミスが出る。白木の位牌に戒名を墨書する時に書き損じることはざらにあった（だから予備の位牌を常にストックしておくようにした）。正しく書いたはずの位牌を持って葬儀場に行き、祭壇に安置したらやっぱり間違えていたこともあった（葬儀社に代わりの位牌をいただき急いで書いた）。

葬儀が終わるまではどうしても数日間そこに全力投球するから、終わってホッと一息ついたら冷蔵庫の野菜が傷んでいたり、学校への提出物が期日を過ぎていて先生から電話がかかってきたりする。

ミスが起こるたびに猛省し、意識を引き締める。でも、しばらくして気が緩むとまた起こる。そしてまた平謝りし、許してもらう。

「謝れば許される」のは子供のあいだだけ——そんな風に常々私は子供たちに教えてい

る。社会人になれば、「謝れば許される」という甘ったるい考えでは済まされない。ミスが起こる時には必ず原因があるから、原因を探して二度と繰り返さないように徹底しなければならない。これは社会人としての生き方の基本だと思うのだが、自分自身の仕事ぶりは改善に至らない。

おそらく、どこかに甘えもあった。お坊さんは「謝れば許される」ことを、私は心の片隅で感じていた。

なぜかというと、ひとつには、神主さんやお坊さんなど、聖なるものに仕える存在というのは、神仏同様に崇めるべきだというなんとなくの理解があるからである。丸坊主にしている私の頭部を「触っていいですか?」と尋ねてくる人がときどきある。「触っても何もあらへんで」と言いつつも触らせてあげたりすると、「うわ！　ありがたい気がする！」と喜んでもらえる。お坊さんとはやはり特別な存在なのだと感じる瞬間である。

またもうひとつの理由としては、地蔵盆の読経ぐらいなら他のお坊さんでも代わりが利くが、身内の先祖供養はそういうわけにいかないからである。たいていの檀家さんは、お寺にお墓を持ち、自分たちのご先祖を納骨している。今の住職がどうしても憎かったとして、他のお寺と縁を結ぼうとするなら、お墓を移転することまで考えなければならない。お墓を移転するとなると、家族や親族にも相談しなければいけないし、コストもそれなりにかかる。次にお付き合いすることになるお坊さんも、どれぐらい相性が合うかわからない。もろもろの事情を考えるほど、多少の不満があっても、今の住職とうまく付き合ったほうが無難だろうということに落ち着くはずなのである。

言い方は悪いが、いわばお坊さんは特権階級の人間として君臨している。

いや、特権的であることイコール悪ではない。

お坊さん以外にも特権的な職業というものはある。その代表的なものが医者や政治家だろうが、医者になろうと思えば大学受験で医学部に合格し、国家試験に通らなければ資格を取得できない。政治家も、親から地盤を受け継ぐことはできても、数年に一度の選挙で勝てなければ職を失うことになる。要するに、世間から「先生」と敬われる人たちは、相応の努力をしてきている。

お坊さんは、その努力さえ要らない。お寺に生まれて跡取りとして期待もかけられてきた私は、ずっと檀家さんからチヤホヤされてきた。あらゆる人間は平等であるはずなのに、お坊さんの卵であるだけで偉いというのは、明らかに時代錯誤で後ろめたさがぬぐえなかった。でも、シングルファザー住職としてボロボロの生活をしていると、守られていることに甘えている自分がいた。

ぬくもりに守られて

思い返せば、結婚する時、私が連れてきた相手に対して「お寺の奥さんには向かない」と両親は簡潔な言葉で鋭く指摘した。私はその反対を押し切り、勘当されてもいいぐらいの覚悟で結婚へ突き進んだ。でも、その相手を守り抜けなかった。離婚したあと、シングルファザーになったばかりのロクに家事のできない私を陰に陽に支えてくれたのは、他ならぬ両親だった。

その両親のおかげもあって、「シングルファザー×住職」という世にも珍しい日々をなんとか生き抜いてきたつもりだったが、実際のところはお寺に関わってくれていた人たちの協力と、法事をすっぽかしても許してくれる檀家さんのぬくもりに守られてかろうじて持ちこたえていたにすぎない。

できることなら、自分に厳しくあるべきだと、今でも思う。生まれながらに特権を約束された人たちが集まっているから、いつまでもお寺社会は停滞しているというのが、私の持論である。

お寺のあり方が変わるということは、自らの特権を失うことになりかねない。「家」への信仰がもはや崩壊寸前のところまできていて、したがって「家」の先祖供養を通じてお寺とつながってきた檀家制度も大きく変わらざるをえないのに、臭いものには蓋をして現実を見ない。

日本で唯一、檀家制度の存在しない地域がある。沖縄である。

少し前であるが、二〇一五年、戦後七十年というタイミングで、戦災が過酷だった広島、長崎、沖縄で追悼の法要がつとめられ、同行させてもらったことがある。この時初めて沖縄の宗教文化に触れた私は、衝撃を受けた。

現代まで続く檀家制度のルーツは江戸時代にまでさかのぼるが、当時琉球王国が統治していた沖縄の地は、薩摩藩に従属するかたちで幕藩体制に組み込まれていたものの、信仰文化は独自の発展を遂げた。明治維新以降に沖縄に建立されたお寺もあったが、多くは太平洋戦争で焼失した。今でもユタと呼ばれる霊媒師が、供養を執り行うことも珍しくないらしい。

その結果、お寺への帰属意識は薄いまま、今日に至っている。お寺の電話が鳴って

「一周忌の法事をお願いしたいのですが」と相談を受けた時、「すみません、その日は他の法事がありまして」と答えたら、「じゃあ違うお寺探します」と受話器を置かれ、その方とはそれっきりになることも多いらしい。グルメサイトで予約するレストランを決める感覚とほとんど変わらない。

同じ二〇一五年に、株式会社みんれび（二〇一八年に「よりそう」に社名変更）が、オンラインショッピングサイト「アマゾン」のマーケットプレイスに「お坊さん」を出品した。「お坊さん便」という商品である。自宅など一か所で法要をつとめるだけの「基本（移動なし、戒名なし）」プランなら三万五千円だった。

カートに入れて注文すれば、法要日程の希望日時、場所、宗派を確認するメールが届く。お寺との縁が薄らいでいる現代に〝よりそう〟サービスであるが、お坊さんが商品として売られていること、そしてお布施の金額が定額になっていることに、仏教界は猛反発した（現在はマーケットプレイスへの出品は停止されている）。

私は、怒り狂う周りのお坊さんたちの姿を見ながら、「そんなに怒らんでもいいのに」と思っていた。時代状況を考えれば、作られるべくして作られたサービスだし、檀家制度が解体されていくなら、沖縄のようなライトなお寺づきあいも覚悟しなければいけない。法要が商業ベースで扱われていることへの抵抗感はあったが、それよりもお寺の仕組みが変わるチャンスだろうと思っていた。

でも、自分自身が完璧からとても程遠いレベルでしか仕事をこなせない状況に陥った今、檀家さんの愛情が私の心に欠かせないものになっている。お坊さんでさえオンライン注文で届くのは便利かもしれないが、何十年あるいは何百年という歳月をかけてお寺を護ってきた檀家さんのぬくもりが失われるのは寂しいというよりほかない。

5．「弱くても大丈夫」――阿弥陀さまのおかげ

今さら阿弥陀信仰に出会う

仏教では、「自業自得」、つまり、自分の行動の報いは自分で受けるという世界観が前提になっている。この考え方は、自分の行動の責任は自分で取るべきだといういわゆる「自己責任論」に近い。

自己責任論は、自分自身の能力を発揮して成功を勝ち取ることを促す。この側面だけを見れば自己責任論は美しいが、その反面で、能力を発揮できずにもがいている人たちに劣等感を与えることにつながりかねない。うまく生きられないのが仮に本人の努力不足ゆえであれば改善のしようもあるが、育ってきた環境に起因することもある。たとえば親の収入が乏しければ、十分な教育を受けられず、せっかく才能があっても持てる力を発揮できない――ひとり親家庭の親はこのような悩みに日々ビクビク怯えているはず

である。

仏教では、六年間の苦行を経てさとりを開いたお釈迦さまをお手本に、私たちも心をストイックに鍛えて完全な人格を勝ち取ることをいちおうの目標にしている。俗世とは切り離された場でのメンタルトレーニングの態度だから、自己責任論とは方向性が違うものの、自分で自分を追い込んで成果を求めていく感覚は、わりと近しい。

ただし、決定的に違うところもある。勝ち組だろうが負け組だろうが、仏教では等しく土俵に立てる。「どうせお釈迦さまになんてかないっこない」と早々に白旗をあげたり、「弱い人間でもしょうがないじゃん」と開き直ったりする人にも、仏教は心の処方箋を用意している。

日本仏教には「十三宗五十六派」と言われるさまざまな宗派がある。教義もその分だけあるが、ざっくりいえば、さとりを目指そうとする「強く生きよう」派と、救いにあずかろうと願う「弱くても大丈夫」派がある。

最近流行りのマインドフルネスは、「今ここにある自分」を大切に思うところから、自己肯定的で前向きな精神を育んでいく。逆に、私が所属する浄土宗をはじめ、阿弥陀如来を御本尊に仰ぐいくつかの宗派では特に、「弱くても大丈夫」的な志向が強い。

阿弥陀如来は、あらゆる人々——特に苦しみにあえぐ人々——を助けてくれる存在として経典に現れるからである。いわば「ごめん、阿弥陀さま、私の責任も取ってください！」と泣きついていい仏さまなのである。

私は、シングルファザーになった時になんとか知恵をしぼって周りに迷惑をかけずに生きようとつとめてきたが、やっぱり限界はある。夫婦そろって子育てしている家庭に比べれば、子供にゆっくりと向き合ってやれる時間は少ない。仕事に集中することができないから、どうしてもミスが出る。

子育ても仕事もうまくいかない時、「本当はもっとできるはずなのに」「また迷惑かけてしまった」とつい自虐的に思い悩んでしまう。悩んだところで、すでに百パーセント以上の力で日常をこなしているのにそれ以上の力が出せるはずもない。それは、ただ自分を追い込むだけだと、冷静な時にはわかっている。

でも、不意をついて「朝寝坊してしまった」「月謝袋を持たせるのを忘れた」と痛恨の瞬間が訪れるから、「またやってしまった……」と心の傷がさらにえぐられる。いや、ミスを犯していない時でも、何か大事なことを忘れていそうな気がして、不安感に常につきまとわれている。

それでも、不安という得体のしれない「同居人」と共同生活を送っているわりに、私はどこかあっけらかんとしている。精神をわずらうほど追い詰められたことはなかった。おそらくは、浄土宗の「弱くても大丈夫」という空気の中で暮らしてきたおかげである。

ただし、あいにく経典には、「今すぐ救う」とは書かれていない。阿弥陀如来の救いが訪れるのは、私たちがこの世の命を終える時で、きちんと拝んでいればご褒美に極楽浄土に迎えとってもらえるらしい。究極の焦《じ》らしプレイである。だから、今すぐすべての苦しさを引き取ってもらおうとするのはお門違いで、阿弥陀如来を信じて試しに「南無阿弥陀仏」と唱えても、当たり前だが現実はなんにも変わらない。

でも、それでいいんだと思う。すべて自分で責任を負うのは苦しい。かすかにでも守ってくれる光を感じられたら、それだけで心はずいぶん楽になる。素直になれる。こんな自分でも守られている。生きていていい。浄土宗の僧侶になって二十年が経つが、今さらながら阿弥陀信仰、すごくいい。

離婚さえもプレゼント

そういえば、浄土宗のお坊さんたちは法話する時、「自力では助からない私たち凡夫のために他力の教えがある」と口癖のように語っている。他力とはよく誤解されるように「人任せ」ではなく、阿弥陀如来の力である。すべては阿弥陀さまに任せてお念仏のなかに生活を送る。それが浄土宗の模範的な生き様だとされる。

でも小さい頃から何十回何百回と同じ話を聞いてくると、やっぱり飽きる。大事なくだりとわかりつつも、「ああいつものやつね」とスルーする癖がついていた。加えていえば、自分の力を信じていたせいで、他力の教えが私の心に響かなかった事情もあるだろう。

私の大学受験の前、父は「合格したら阿弥陀さまのおかげ。不合格でも阿弥陀さまのおかげや」と諭してきた。「ええ加減な……」「せっかく真剣に頑張ってるのに気が抜けるやん」と思っていた。父の言いたかったのは、「受験に合格したっていい先生との出会いがあるかわからない」「不合格でもその先に幸せなめぐり合わせが待っているかもしれない」ということだった。受験前の重圧を和らげようという優しさは感じたものの、切り札の阿弥陀カードを乱用しすぎではないか。

しかし、二十年以上の年月が経ち、その「阿弥陀さまのおかげ」を今ようやく素直に受け入れている自分がいる。

両親の「お寺の奥さんには向かない」という反対を押し切っての逆風の結婚も、やっぱり「お寺の奥さんには向かない」がゆえに至った離婚も、お寺の住職をしながらひとり親家庭を生き抜く波乱の日々も、すべて「阿弥陀さまのおかげ」なのかもしれない。

もちろんお坊さんとはいえ心の底から「阿弥陀さまのおかげ」を百パーセント信じられるほどの聖人であるはずもなく、内心ではそんなにすっきり割り切れない。円満な家庭を築けていたらもっと仕事で成果を残せたはずだとしょっちゅう思う。別れた妻だけでなく、迷惑をかけた人たちの顔が、絶えずフラッシュバックする。

私の両親も同じ思いだろう。結納金だって安い出費ではない。きっとうまくいかないと見通しつつ、私が連れてきた相手の両親にかしこまって挨拶するのも、親戚が集まった披露宴で取り繕ってにこやかに振舞うのも、絶対心穏やかではない。だから、私が結婚を口走った時、本来喜ぶべき言葉を素直に受け止めきれず、「お寺の奥さんには向かない」と猛烈に反対してきた。

しかし——。

順風満帆な人生ばかりが、正解でもあるまい。

私は逆風に耐えられずに見事沈没したわけだから、己の至らなさを恥じるしかないが、穴の開いたポンコツの船で漂流している日々を経てずいぶんたくましくなった。シングルファザー生活をそう前向きにとらえることもできる。そうであれば、離婚さえ阿弥陀さまからのプレゼントかもしれないではないか。

高いお金を払って子供を塾に通わせているのに成績が伸びないと、「なんで真剣に勉強しないのよ！」「こっちは寝る間を惜しんで働いてんのに」と、お寺に暮らしていることや職業がお坊さんであることなど忘れて、つい怒り狂う自分が今もいる。

でも、仮に受験に失敗したとして、それがどうだというのだろう。顔はたぶん引きつっているけれど「よく頑張った結果や」という言葉を口にするぐらいの余裕はある。そして、「阿弥陀さまのおかげや」と付け加えて、子供をキョトンとさせるような気がする。

皆さんも、「人生が思いどおりにならない」と自分を呪いたくなったら、「阿弥陀さまのおかげ」と思ってみたらどうだろう。きっと不幸のどん底でも少しポジティブになれるはずである。

終章　離婚して手に入れたもの

親離れは突然に

シングルファザーの生活は、年々、楽になっていく。

それは、私の育児や家事のスキルがレベルアップしたということもあるが、むしろ、子供の成長に助けられているところが大きい。離婚した時は娘が小学二年生、息子が幼稚園の年長だったが、現在はそれぞれ中学三年生と中学一年生になった。

当時は、お風呂も、夜寝るのも、どこかへお出かけするのも、ずっとべったり一緒だったが、小学六年生になった娘は、ある日を境に隣で私が寝るのを嫌がるようになった。「自立スイッチ」みたいなものが入ったらしい。息子のほうも刺激されたのか、ほどなくして「お父さんいなくても寝れるで」と自慢げに言ってよこしてきた。

子供部屋で姉弟が寝て、私は別室でひとりの布団に入る。

しばらく経験しなかった、子供のぬくもりのない冷たい布団だった。ふと目が覚めて怖くなった息子が、泣きながら入ってきて温めてくれることを心の片隅で期待しながら眠りについた。その期待に応えてくれたことはついになく、切なさに包まれたまま朝を迎えた。だが、体のほうは正直なもので、子供の寝返りに睡眠を邪魔されることもなくぐっすり寝られたから、いつになく軽かった。

以来、「そろそろ寝る時間よー」という号令さえかければ、子供たちで寝室に行き、布団を敷いて眠りについてくれるようになった。朝、起こしに行った時に、「淋しかったやろ?」「不安で寝られへんかったやろ?」と聞いても、まったく平気そうな顔をしている。寝る時に二人の子供が私を取り合っていたカオスな夜は、もう戻ってこない。代わりに、長らく忘れ去っていた「自分の時間」が戻ってきた。

そう思うと、子育てのいちばんしんどい時期は、せいぜい小学校高学年までである。「手がかからなくなったら、お金がかかる」という状況が訪れると聞いていたのはまさにその通りで、「友達とカラオケに行くからお金」「定期テスト頑張ったからご褒美ほしいなぁ……」と、毎日のように金銭闘争が家庭内で繰り広げられている。四月に学年がひとつ上がる時には、お小遣いの定期昇給をめぐっての〝春闘〟もある。

特に困るのが、娘からのコスメのおねだりだ。アイシャドウとかアイライナーとかマスカラとか、美容液とか化粧水とかファンデーションとか、必要だと言われても、中学生の年齢で本当に必要なのか、化粧なんてしたことのない私にはまったく見当がつかない。金額もどれぐらいが相場なのかわからない。しかも、「ヘアーサロンの人がこのヘアーワックスおススメだって」とおねだりしながら、「お父さんも使ってみる？　あ、無理か」と、剃髪している私をからかってきたりもする。

ひとり親家庭ゆえに苦しい思いをさせたくはないから、つい財布の紐を緩めてあげたくもなるが、我慢させることも大事だ。近い将来には大学の学費を払う時期が来る。海外留学したいなんて言われる日が来るかもしれないから、できるだけ貯蓄もしておきたい。しかし、コスメ事情はもう知識がなさすぎるから、おねだりに負け続けている。

そんなわけで、金銭面の心配はまだ残るが、精神的にはかなりの解放感を手にしている。だから、ひとり親家庭にかぎらず、幼い子供がいる家庭は「仕事が思うように進まない……」とつい愚痴を言いたいこともあるだろうが、その生活は泣いても笑っても十年で終わる。

この期間が、子供の人格形成に大きな影響を持つことは間違いないから、しんどくてもタブレットやゲーム機器に子育てをゆだねず、極力子供に向き合ってあげてほしいと思う。我が家では中学生になったら、スマートフォンを買ってあげるルールなのだが、スマートフォンを渡したらもう、家のなかにいてもメインで話す相手は親ではなく、スマートフォン画面越しの友達である。

私はシングルファザーとして生きたおかげで、子育てにどっぷり漬からせてもらった。完璧な子育てができたとはとても思えないが、子供たちは困った時には、私を頼ってくれる。世間並みの幸せとは程遠くても、私がなんとか生活を守ってきたことを認めてくれているのだろう。頼ってくれるたびに、ホッとする自分がいる。

再婚への圧力

自分の時間が少しずつ増えてきたことで、そろそろ考え始めたいことがある。再婚である。

子供たちがお風呂も夜寝るのもひとりでできるようになったら、飲み会に誘われてももう断らなくていい。離婚して早々の時期に一生懸命に調理に励んでいたのは娘のほうだったが、今は逆に息子のほうがキッチンに立つことが多く、「今日飲み会やし、晩御飯、頼んでいい?」とお願いすると、「オッケー」と気のいい返事がくる。一食分のお駄賃二百円をPayPayで払ったら交渉成立。「早く帰ってきてね」なんて甘えた言葉はもう届かない。帰るのが遅くなるほうが、子供たちは喜んでくれる。気楽である。独身貴族だった頃の懐かしい自由な日々がふと蘇る。このまま独身で生涯を終えていくのも悪くない。もういちど結婚するなら、楽しいこともある反面、気遣いも欠かせない。ふたたび離婚に至るリスクもないとはいえない。

しかし、檀家さんのなかには、再婚への強い期待があるらしい。

うだるような酷暑のある日。

疲れた体を押して、お盆のおつとめのため夕方遅くまで檀家参りを続けていた。インターホンを押して挨拶をしたら早々に仏壇に向かい、読経が済んだら檀家さんのほうに向き直ってお茶をいただく。お盆中はなにせスケジュールがタイトなので、「いやぁ暑いですねぇ」などと他愛ないトークをして失礼しようかと思っていたら、いつもは優しいはずの奥様からいきなりお叱りを受けた。

「ちょっと、なんで紹介してくれないのよ！　水臭いじゃない！」

どうやら、お墓参りにお寺を訪ねてきた時に、私と女性スタッフが息ピッタリに対応したのを見て、新しい奥さんだと勘違いしたらしい。

「でもよかったわね！　ひとりで大変だったわね！」

と興奮気味に喜び、私のシングルファザーとしての苦労をねぎらってくださった。新しい伴侶を得て家庭は安定し、お寺もいよいよ発展していくと期待されているのだろう。檀家の奥様からのお祝いの言葉に、私の体からは気持ち悪い汗がじわっとにじみ出てきた。マズい。これは今すぐに火消しをしなければいけない。

「いや、再婚したわけじゃなくて、スタッフなんです。お寺で働きたいという希望を聞いて……」

「え！　そうなの？　もう親戚にも住職が再婚したって言っちゃったわよ。訂正しないといけないじゃない！」

まったくいい迷惑である。

「親戚にまで勝手に言わないでくださいよ……」と余計なおせっかいに内心では困惑しつつ、しかし、それを言い出すこともできないまま、ともかくも期待を裏切ってしまったことに「すみません」と平謝りした。

お寺が地域に開かれたものであるべきだと考えている私にしてみれば、何も住職夫妻だけでお寺を切り盛りしていく必要はない。関心を寄せてくれる人と一緒に盛り上げていくほうが、活気あるお寺になっていくと信じている。これまでも、私自身がシングルファザーであることも、大勢の人たちとお寺を作っていきたいと思っていることも、お寺からのニュースレターなどで繰り返し伝えていた。でも、「再婚してほしい」と強く願う檀家さんにはどうも正確に伝わらないらしい。

女性スタッフも、お寺に来られた檀家さんの応対をしたら、しょっちゅう「奥さん」と呼ばれていたらしい。「どうしたらいいでしょう」とたびたび相談された。

檀家さんだけではない。SNSを検索してみると、ふらっと訪ねてこられた参拝者が、朱印の画像に添えて「奥さんが書いてくださいました」と投稿していたりする。

檀家さんも、参拝者も、もちろん悪意はない。目くじら立てて「違うんです！」と否定するとややこしいし、キリもない。そのうち、女性スタッフは「ああ、まぁ……」みたいに肯定も否定もせず、やんわりと受け流すすべを身につけた。

「新しいお母さんが欲しい」

再婚を願うのは、檀家さんだけではない。

私の両親も、たびたび強めのプレッシャーをかけてくる。

「子供たちはいつか自立するから、老後のこと考えたら相手がいたほうがいいわよ」

「お寺はやっぱり奥さんがいたほうが、檀家さんにも信頼されるから」

七十代になった両親の中では、私の再婚問題が最大の関心事になっているのだろう。さんざん迷惑をかけた分、可能なら不安を解消してあげたい。

そして、子供たちも私の再婚事情を気にしている。

娘に離婚したことを告げた時、「新しいお母さんが欲しい」と言ってくれたことで、私の気分がずいぶん晴れたことはすでに書いた。

その後も、折にふれて「新しいお母さん……」というサインを送ってきた。「小学校の卒業式までにはお母さんが欲しい」とおねだりされたこともあった。「誕生日やクリスマスのプレゼントみたいに言われてもなぁ」と思ったが、晴れ舞台には、他の多くの家庭同様、お母さんにもお父さんにも居てほしいと願うのは、ごく自然な感情だろう。心細い思いをさせてるんだろうなぁと偲ばれた。

しかし、中学生になってからは、「お母さんが欲しい」よりは、「やっぱり再婚しないでほしいなぁ」に変わった。思いがけない言葉だった。「なんで?」と尋ねると、「またお母さんと揉めるの嫌だしなぁ」と返ってきた。そうか、私がしんどかった時期は、娘もしんどかったのである。共感のあまり身を乗り出し、「お父さんもそれすごいわかるわぁ」と爆笑しながら相槌を打ったら、娘は驚きつつも笑って返してくれた。

でも、笑い事ではない。

娘にとってみれば、普通の家庭のように、お父さんもお母さんもいる暮らしがしたいという思いを強く持ちながら、家庭内不和のためにフラストレーションを溜めて学校にも行けなかった日々を、トラウマとして抱えている。

私にはまだ、婚前から数えれば元妻とうまくいっていた何年もの歳月があるが、娘はそんな幸せな時期は知らない。物心ついた頃にはずっと家の中がギスギスしていたから、結婚にはネガティブなイメージが強いのだろう。ときどきさらっと「お腹を痛めてまで子供いらないなぁ」と言い放ってくる。離婚した私が偉そうなことを言うのは筋違いだが、結婚や出産にあまりに悲観的になるのはさすがにたしなめなければいけない。

返り討ちに遭うリスクを知りつつ、「好きな相手ができたらその人の子供が欲しいと思うようになるよ」と教え諭したら、すかさず娘は「じゃあなんで離婚したん？」と的確に言ってよこした。父親の尊厳など形無しである。「まあ、お父さんが言うことじゃないよな」と返し、お互いに笑った。

やっぱり再婚したほうがいいのだろうか――。

「幸せな家庭」というのがあることを教えたい。

別に「おひとりさま」で生涯を終えていくことを悪いとも思わないが、私が離婚したせいで、「好きな人と結ばれたい」とか「好きな人の子供がほしい」という、人としての素朴な感情まで傷つけられているとしたら正直辛い。

結局、娘の小学校卒業式までには、再婚できなかった。申し訳ないなぁと思いつつ、卒業式に参列した。平日昼間の卒業式だと、やはりお父さんは仕事を休みにくいのだろう。周りを見渡しても、お父さんだけしか卒業式に来ていない家庭は見当たらなかった。願わくは、娘を喜ばせるために、早く再婚したい。それは、私が娘に対してできるいちばんの愛情表現だろうとも思った。

シングルファザー住職とマッチングアプリ

それにしてもである。再婚するなら、とにかくまずは相手を探さなければならない。そもそもシングルファザーを好きになる女性はいるのか。

シングルファザーと結ばれるなら、もれなく前妻とのあいだの子供がついてくるわけだが、それだけならそこまで悲観的になることもないというのが私の実感である。ひとりで子育てできる男性に甲斐性を感じる人もいるようである。

しかし、私の場合は、シングルファザーであることに、お寺の住職という事情も加わる。好意を寄せてくれる相手が、お寺で一緒に暮らしていくパートナーにふさわしいかどうかはまた別の話になる。

疲れ果てた寝床のスマホから、マッチングアプリを試してみたこともある。

シングルファザーであることを公言しているからだろうが、親切なことにSNSのタイムライン上にマッチングアプリの広告がときどき表示される。「一日○組のカップルが誕生しています」という心をくすぐるキャッチコピーと、幸せそうなカップルの写真を繰り返し見ていると、「出会いの形はなんでもいいよなぁ」と広告に踊らされてみようかという気分になる。匿名性が高いのも、ハードルが低くていい。利用者が大勢いるなら、私の置かれている環境がいくら特殊でも、ひとりやふたりぐらい相性の合う女性が見つかるかもしれない。マッチングアプリは、本堂で微笑んでいるだけのブッダよりも救世主のように思えた。

しかし、淡い期待を抱いて登録手続きを試してみると、マッチングアプリも簡単ではないとすぐに思い知ることになった。

まずはプロフィールの入力である。最初に年齢と住んでいる都道府県などの情報を選択。続いて、結婚歴、子供の有無。シングルファザーだと公開するとマッチング率が下がりそうだが、あらかじめカミングアウトしたほうがすっきりすると割り切った。離婚歴のある女性なら、お互い様だからきっと許容してくれると期待する。

だが、問題はここから先だ。プロフィール欄をどうするか。「京都のお寺の住職をしています」と正直に書くと、さすがにマズい。プロフィールを読んだ女性が、妻であり、母であり、お寺の奥さんであるという三つの顔を求められていると受け取り、マッチング率は激減するはずだ。

しかし、私が住職であることを隠して「自営業」「サービス業」などと書くなら、まるでとりとめもないプロフィールになる。あまりの居心地の悪さに、マッチングアプリも面倒くさくてやめてしまった。「シングルファザー」に加えて「住職」という、マイノリティ中のマイノリティである私には再婚が難しいことを、思い知らされただけであった。

お坊さんのための婚活イベント

ネットに載せるプロフィール欄が決め手となるサービスで勝算がないのなら、私の人となりが伝わりやすいリアルな出会いへと、戦いの場を移したほうが有利なのかもしれない。

お坊さんとご縁を結ぶための婚活イベントも、教団主催でときどき行われている。男性のほうがお寺の跡継ぎの僧侶で、女性はお坊さんとの出会いを求めている人という場合が多いが、お寺に生まれた娘さんが、養子となってお寺に入ってくれる男性僧侶を探すための婚活イベントもある。

このような出会いの場なら、勝機はあるかもしれない。聞くところによると、一般家庭で育った女性に対して、法要に参列してもらって手の合わせ方を教えたり、お寺のなかの生活などについてレクチャーしたりするような時間も、婚活イベントの中に組み込まれているらしい。ただ、私自身がいわゆるお坊さんらしいお坊さんではないので、参加したらかえって浮くだけかもしれない。そんな風に思っているうちに、結局、婚活イベントにも参加しなかった。

お寺社会のジェンダーギャップ

実際のところ、私自身が再婚をためらっているのかもしれない。

私がシングルファザー住職であることを知って、「お寺の娘さんで、合いそうな人を知ってるんだけど」とわざわざおせっかいを焼いてくれる人がときどき現れる。気持ちはすごくありがたい。うまくいけば、子供たちも、両親も、お寺の檀家さんも、みんな喜んでくれるだろう。でも、気が進まなかった。「今は大丈夫です」などと言って、縁談をすべて断ってきた。

子供たちのためにとか、両親のためにとか、お寺のためにとか、そんな大義を振りかざして、ひとりの女性の人生を振り回す時代でもあるまい。

本書のもととなる連載が始まった時、初回の原稿——つまり私が離婚にいたるくだり——に対して、SNS上で数多くの批判が寄せられた。その大半は、お寺の奥様方からだった。お坊さんからの批判もあった。一般家庭から果敢にお寺に飛び込んできてくれた元妻に共感するとともに、「才能ある良き伴侶を守り切れなかったアホな男が、何を偉そうにそれをネタにしてエッセイを書いとんねん」というお叱りだった。

私は、炎上しているタイムラインを眺めていて、不謹慎ながら、なんだかスカッとした。

離婚をしてシングルファザーとして暮らしている日常をテーマにしたコラムを、他のメディアに寄稿したこともあるが、怒られたことはなかった。心のなかにモヤッとしたものを抱えていた人もいただろうが、表立っては私に言ってこなかった。同じお寺社会にいる人たちどうしがSNS上で文句を言うこと自体は、冷静に考えればあまり健全ではないのだが、こっそり陰口を叩いているよりいくらか風通しがよくなったと言えるのではないか。

私に批判を寄せた人は、おそらく、私個人に対するバッシングにとどまらず、女性を大事にしないお寺社会の体質に怒っている。

日本の二〇二四年のジェンダーギャップ指数は世界百十八位だったが、その日本にあってお寺社会は特にひどい。修行して僧侶になるのは男性がほとんどで、令和五年版の「宗教年鑑」によれば、浄土宗では女性僧侶は全体の一割弱だった。当然、お寺の住職を継ぐのは男性ばかりである。うまく役割分担して夫婦そろって対等にお寺の護持に尽くしていても、僧侶の資格を持たないかぎり奥さんの立場は弱く、万が一、住職の身に何かあった時には、自分がお寺を継ぐことはできない。誰か後継者を探して退出しなければいけない。

女性も僧侶の資格を取ればいいのだが、現実にはハードルが高い。たいていの宗派では修行期間はそれなりの長期に及ぶ。浄土宗の場合だと、いくつかカリキュラムがあるが、私は大学一回生から三回生の三年のあいだに合計十二週間を泊まり込みでお寺の中で過ごして、僧侶になった。この同じカリキュラムを、これからお寺に入ろうとする社会人女性が受講できるかというと、職場に長期休暇をもらってまで修行生活に入るのは気が引けるだろう。

しかも、その三年間は、妊娠や出産を経るのが難しいから、身体のことを大事に考えるなら、僧侶資格を取得することへのプライオリティは下がってしまう。

私の母も僧侶資格を持っているが、私が修行道場に入ったのと前後して、母も修行道場に入った。自分の子供を大学生ぐらいまで育て終えてようやく、かねてからの念願をかなえたのだろう。

そしてもうひとつ女性の修行意欲をそぐのは、頭髪事情である。一部の宗派を除き、修行道場に入ると剃髪することになる。修行中はみんな同じヘアースタイルだからかまわないとしても、俗世に戻ると他人の目が気になる。カツラをかぶればいいとはいえ、一年程度しか使わないからといってケチるといかにもカツラだとわかるらしく、それなりのものを選ぶと十万円を超えるらしい。

そう考えると、女性が僧侶になるのは、肉体的にも精神的にも金銭的にも辛い。あえて僧侶にさせないようにしておいて、女性がお寺社会で力を持たないように仕組まれているのかと思えるほどだ。

お寺で育った娘さんのなかには、このような過酷な環境さえ「伝統」のひとことで甘んじて受け入れてくれる、奇特な人もいるのかもしれない。お寺の娘さんとの縁談を受け入れるのが、再婚への近道だったのだろう。しかし、その縁談の先に幸せな未来があるとは、どうも思えないのである。

お寺に爽やかな風を

私が女性の地位向上を願うのは、仏教の影響もある。

お釈迦さまは、養母マハーパジャーパティから出家したいと懇願された時、最初は断ったが、一定の条件をつけつつもついには認めたとされている。このエピソードがどれだけ史実に基づいたものかはわからないが、仏教初期の頃から女性僧侶の教団が存在したことは紛れもない事実である。男性と女性では守るべき規則（律）が異なったことなどを考えると、完全に男女平等だったとは言い切れない。でも、男女平等を理想としてきたことこそ仏教の「伝統」だと、肝に銘じるべきなのである。

この初心に戻るなら、お寺こそジェンダーギャップを超えていく場としてふさわしい。それなのに、女性だからといって仏教を学ぶチャンスが失われたり、お寺の住職になりにくかったりするという矛盾する現実が、お寺の中でまかり通っていることに、もってのほかだと憤りを感じる。こんなことだから、お寺から人が離れていくのである。

さらにいえば、男女の性差だけではなく、広く社会に根差す偏見を正していく役割を、仏教が担っていくべきだと言える。

順風満帆な生活をしているとか、逆境の中にあえいでいるとか、ありふれたマジョリティであるとか、誰にも共感してもらえないマイノリティであるとかも、仏さまは気にしない。そういった境遇の違いを超えて、あらゆる人は存在するだけで尊い。人間らしく穏やかに生きる道を説きながら、その通りに生きられずにシングルファザーになった住職も、もちろん仏さまの前ではあたたかく許されている。

私は、何かしらの使命感を持ちながら、しかしその使命感が何かを考える余裕もないままに、わずかな時間の隙間を縫って本書の原稿をがむしゃらに書いてきた。そして、ここまで書いてきてようやく気付いた。

仏さまがやさしく人々を包んできたことを自分事としてありがたく感じつつ、このやさしさをひとりでも多くの人に伝えたかったのだろう。

仏さまは、昨日も今日も苦しみながら生きている私たちみんなに、いつも微笑みを投げかけてくれている。

お寺は、先祖供養のためだけの場ではなく、あらゆる人に開かれるべき場である。

だが、人はわざわざ風通しの悪いところに近づこうとは思わない。

二〇二〇年春からの三年間のコロナ禍が終わり、街中の人出は戻った。だが、コロナ前にもまして「お寺に人が来ない」というぼやきを聞く。「法要の参列者が半減した」という声もざらにある。

当たり前の話である。

お寺によくお参りに来ていた七十代、八十代、そして九十代の檀家さんたちにとって、コロナ禍の歳月は長すぎた。外出を控える日々を過ごすうちに足腰は衰えてしまったし、このあいだに大病を患った人も多い。ひとりで出かけるのが難しくなれば、子供が近くにいて車を出してくれない限り、信心があってもお参りできなくなる。

うちのお寺も例外ではなく、ご年配の檀家さんの足は遠のいている。でも、修学旅行生が学びに来たり、大学生が居場所を求めて来たり、企業が社員研修の場として選んでくれたりしていて、ますます賑やかなお寺になりつつある。きっと爽やかな風が吹いているのだろう。

「不二」こそ家庭円満の秘訣

心地よい風が吹いていれば、やがていいご縁が育まれていくと願っている。こればっかりはもう、自分がせいいっぱい考えて努力してみても、どうしようもない。

再婚したいという素振りすら見せない私に対して、娘は「どうせお父さんに彼女なんてできない」と高をくくっていて、クリスマスが近づくと「うちはみんな〝クリぼっち〟や」とつぶやいている。私は、「お坊さんにクリスマスは関係ないから」と言って強がりを決めている。

仏教で説く「考える力」が通用しないようであるが、「考える」時の重要な作業は、自分が考えてどうにかできる範囲を知ることである。考えてもどうしようもない領域のことは、状況が整うまでひたすら「待つ」しかない。焦って目の前にいる女性を力ずくでつかまえようとしても、恋愛はたいていうまくいかない。逆に、肩の力を抜いて待ってみれば、神さま仏さまのはからいを信じたくなるほどに、ご縁はめぐってくる。

それともうひとつの理由は、何年もシングルファザーを経験してきたことで、私の心のありようがずいぶん変わったことである。

ひとり親として、自分のやりたいことをすべて犠牲にして、目の前のタスクを優先してきたから、育児も家事もお寺の仕事も、「めんどくさい」などという感情をはさまず手際よく進めていく習慣がついた。学校が休みの週末は、本堂では法事のおつとめがあって過密スケジュールになるが、もう平気である。金曜夜、子供が眠りについた深夜に、静けさに包まれた本堂で黙々と法事の準備をし、翌朝は「法事があるから早く起きなさい！」と仁王のような形相でたたき起こして、菩薩のような笑顔で檀家さんを迎える。法事が終わって檀家さんを見送ったら、一瞬で作務衣に着替えてキッチンに立ち、家族三人の食事を作る。そんなアクロバティックな芸当も、そつなくこなせるようになっている。

家事はすっかり板についていて、母がやって来る時には、せっかくなら孫とゆっくり過ごしてもらいたいから、朝のうちにご飯のしたごしらえをしておく。うちに着いたら、やはり母もつい洗濯などしてくれるが、私も洗濯機が回り終わった頃を見計らっていつも通り干しに向かう。離婚して早々の頃は、母が来たら炊事も洗濯も育児も丸投げして体を休ませてもらっていたことを思い返せば、大違いである。自分でもあっぱれと思うほどの成長ぶりである。

だから、いつかもし再び子育てをイチから始める状況になったとしても、任せっきりにならないはずである。オネショのあとの布団の処理も、発熱した時の添い寝しながらの看病も、もうだいぶ忘れてしまったが、すぐに思い出してそつなくこなせるに違いない。

「男性が仕事を」「ご飯作るのは女性のほうが」という先入観は、完全に消え失せている。

私は、これが仏教でいう「不二《ふに》」の風景なのだと、ようやく気付いた。

「不二」とは、「二」への執着から離れていくことをいう。私たちは「男性と女性」など「二つのもの」に分類してこの世界を把握する。分類して把握することは何も悪くない。しかし、私たちは自分の性別のほうが偉いと思いたいから、男女平等が理念としてわかっていてもなかなか実現しない。また、男性にも女性にもあてはまらないマイノリティを排除しようとしたりする。

「不二」の風景は、大乗経典『維摩経《ゆいまきょう》』に詳しく説かれている。維摩経は、維摩居士《こじ》という在家信者を主人公にしたユーモラスな経典で、頭脳明晰な維摩居士は、専門的な修行を積んだわけではないのに、名だたる菩薩たちをこてんぱんに論破していく。

少し意訳して紹介すると、こんなやりとりがある。

ある菩薩が「不二」について、維摩居士に得意げに語る。

私たちは「美しいもの」と「醜いもの」に分類して、物事をとらえます。しかし、よくよく考えてみると、私たち自身の心が勝手に「美しい」「醜い」と決めつけているに過ぎません。そう知ったなら、「美しい」「醜い」という物差しで見ていた世界は崩れ去ります。そこに不二の世界が開かれるのです。

これはそのまま、私たちが陥りがちな「男性らしさ」と「女性らしさ」への偏見に通じる。維摩経が編纂された時代が現代だったら、「男性は外で仕事」「女性は家事と育児」のような意識を滅するのが、「不二」だと教えたのではないか。

しかし、維摩経のクライマックスは最後にある。居合わせた菩薩たちがそれぞれ思う「不二」について語った後、「ドヤッ」とばかりに維摩居士を見つめる。その時、維摩居士は一言も発しない。言葉による議論が「正しい」か「誤り」かに執着している菩薩たちの姿は、まったく「不二」に程遠い。それよりは、黙々と目の前の現実を生きよと、無言の維摩居士は教える。

男女平等を声高に叫ぶより、淡々とオネショで濡れた布団を洗うところに、本当の男女平等がある。この「不二」の育児こそ、家庭円満のいちばんの秘訣といえるだろう。

それでもやっぱり子育ては楽しい

シングルファザー住職の生活はいくら慣れてもストレスフルであるらしく、職業柄剃髪しているのであまりわからないものの、頭には十円ハゲがしょっちゅうできる。お盆などの繁忙期には増え、行事のない閑散期には減る。体は正直なものである。

私のこれまでの育児が、百パーセント正しかったと言い切るつもりはない。ありふれた共働きのサラリーマン家庭には、体験できない日々を過ごせたところもあるだろう。しかし逆に、せいいっぱいやってきたつもりであるが、気づけていない部分はどうしてもある。子供二人が忙しい私を気遣って相談を遠慮していることもあるだろう。

答え合わせをするには、子供たちがどんな大人になっていくかを見届けるしかないが、今のところ私は多少の手ごたえを感じている。

中学生になった娘は、私がお寺にやってくる愉快な仲間たちとクリエイティブな日々を過ごしているのに影響を受けたのか、ＰＣやタブレット端末に向かって創作活動に没頭している。先月（二〇二四年八月）、小説を自費出版したらしい。本堂などの建築物や堂内に安置された仏像などは、過去の人々のクリエイティブの結晶だから、お寺で育った子供らしい姿だと思う。私の中学生時代に比べればはるかに人生を達観していて、「お母さんとうまくいかなかったり、学校行けなかったりという黒歴史があったから、文学作品を読んだ時に、たいていのことはわかる気がする」と妙な自信を持っている。

一方の息子は、小学五年生の夏に、知恩院で得度式を受け、正式にお坊さんの入口に立った。こうなると檀家さんからの期待はうなぎのぼりである。「ええ跡継ぎさんや」「お婆ちゃんの葬式頼むで」とお祭り騒ぎが始まり困惑している。私が三十年前に受けた「跡継ぎハラスメント」は、セクハラやアルハラがタブーになった現代でも、堂々と通用するようだ。

真に受けて苦しむ息子を「『あったかくなってきましたね』っていう挨拶みたいなもんや」とフォローするが、こんな暑苦しい挨拶は迷惑でしかない。「お坊さんにならなあかんのかなぁ」と腑に落ちない様子である。その表情を見ながら、私は幼かりし自分の姿を思い出す。息子もきっと悩み抜いて、何かしらの結論を出すのだろう。

もともとお寺は世襲されるべきものではなく、龍岸寺も血縁で続いているのは祖父の代からで、せいぜい七十年のことである。本人が継ぎたいと思うなら願ってもない話であるが、違う結論に至ったとしてもその気持ちを尊重するだけのことである。

いじめやハラスメントを助長する気はないが、この世からいじめやハラスメントがまったくなくなり、どの家庭の夫婦も親子もいさかいがなく円満であるならば、私たちは幸せに暮らせるのだろうか。

離婚して子供たちに迷惑をかけた私が言うのは気が引けるが、やはり、人生は無難すぎるとかえってつまらない。それよりも、正しいと思ったこと、ゆずれないと思ったことを貫いていくほうが絶対に実りがある。シングルファザーになる道を選んだとき、離婚がもたらす傷跡や、ひとり親家庭ゆえにいじめられるリスクを越えて、なんとしても子供たちを守ろうと覚悟を決めた。今少しずつ芽吹いている幸せの種は、振り返ってみればその覚悟のなかにこそあったと思う。

こうしてシングルファザーの日々をあけすけに書いたり、本堂でライブイベントをしょっちゅう開いたり、撮影機材を揃えてYouTubeチャンネルに力を入れたりしている私に対し、周囲のお坊さんたちは「お坊さんならもっと上品に……」と苦笑しているらしい。私と一緒にプロジェクトを行いたいアーティストなどはしきりに訪ねて来るが、お坊さんはまず来なくなった。でも、まったく気にもかけない。

ときどき子供たちに「お父さんはお坊さんから嫌われてるんやで。だから誰も来ないやろ」と笑いながら教えている。友達にからかわれたりしても、自分のやりたいことを貫きなさいという檄《げき》のつもりでもある。

最後にこれだけは言っておきたい。親がひとりであるかふたりであるかなどささいなことでしかなく、育っていく子供たちと一緒に過ごす日々はひたすら楽しい。それにつきる。